改革斗士商鞅

吉林出版集团有限责任公司

吉林文史出版社

◎◎

主编 金开诚

编著 靳建强

图书在版编目（CIP）数据

改革斗士——商鞅 / 靳建强编著 . 一长春：吉林
出版集团有限责任公司：吉林文史出版社，2010.11（2022.1重印）
ISBN 978-7-5463-4150-7

Ⅰ.①改… Ⅱ.①靳… Ⅲ.①商鞅（公元前？ ~
338）－传记 Ⅳ.① B226.25

中国版本图书馆 CIP 数据核字（2010）第 222289 号

改革斗士——商鞅

GAIGE DOUSHI SHANGYANG

主编/ 金开诚 编著/靳建强

项目负责/崔博华 责任编辑/崔博华 刘姝君

责任校对/刘姝君 装帧设计/柳甬泽 王丽洁

出版发行/吉林文史出版社 吉林出版集团有限责任公司

地址/长春市人民大街4646号 邮编/130021

电话/0431-86037503 传真/0431-86037589

印刷/三河市金兆印刷装订有限公司

版次/2010 年 11 月第 1 版 2022 年 1 月第 5 次印刷

开本/650mm×960mm 1/16

印张/9 字数/30千

书号/ ISBN 978-7-5463-4150-7

定价/34.80元

前　言

　　文化是一种社会现象，是人类物质文明和精神文明有机融合的产物；同时又是一种历史现象，是社会的历史沉积。当今世界，随着经济全球化进程的加快，人们也越来越重视本民族的文化。我们只有加强对本民族文化的继承和创新，才能更好地弘扬民族精神，增强民族凝聚力。历史经验告诉我们，任何一个民族要想屹立于世界民族之林，必须具有自尊、自信、自强的民族意识。文化是维系一个民族生存和发展的强大动力。一个民族的存在依赖文化，文化的解体就是一个民族的消亡。

　　随着我国综合国力的日益强大，广大民众对重塑民族自尊心和自豪感的愿望日益迫切。作为民族大家庭中的一员，将源远流长、博大精深的中国文化继承并传播给广大群众，特别是青年一代，是我们出版人义不容辞的责任。

　　本套丛书是由吉林文史出版社和吉林出版集团有限责任公司组织国内知名专家学者编写的一套旨在传播中华五千年优秀传统文化，提高全民文化修养的大型知识读本。该书在深入挖掘和整理中华优秀传统文化成果的同时，结合社会发展，注入了时代精神。书中优美生动的文字、简明通俗的语言、图文并茂的形式，把中国文化中的物态文化、制度文化、行为文化、精神文化等知识要点全面展示给读者。点点滴滴的文化知识仿佛颗颗繁星，组成了灿烂辉煌的中国文化的天穹。

　　希望本书能为弘扬中华五千年优秀传统文化、增强各民族团结、构建社会主义和谐社会尽一份绵薄之力，也坚信我们的中华民族一定能够早日实现伟大复兴！

目录

一、时代的主题
——战争与变法

　　清末戊戌六君子之一的谭嗣同在被捕前，本有机会逃往国外，保全性命，但他却说："中国历史上，少有为变法而流血牺牲的人，假如我的牺牲能换来变法的成功，能挽救国势衰微的命运，我宁愿作为变法而流血牺牲的第一人。"于是，慷慨就义。他的死使无数国人认识到清政府的腐朽与没落，从而激发了许多仁人志士的爱国热情，他们留洋海外去寻求救国救民的真理，也掀起了中国社会历史发展的新篇章。

纵观中国历史，真的就没有因变法而流血牺牲的人吗？答案是有，而且有很多，只是由于变法受到顽固派的阻挠而没有成功，从而也没有造成多大的影响。而唯一例外的就是两千多年前，中国历史上史无前例的变法——商鞅变法。商鞅，作为末日王朝的清流，动乱时代的人杰，作为中国历史上第一位具有魄力的改革家，他的悲惨命运曾令无数人为之感叹，他的功绩也为无数人所敬仰。虽然，人们习惯于站在儒家仁义道德立场上去评判人物，而对商鞅的人格嗤之以鼻，认为他罪有应得、死有余辜，但瑕不掩瑜，商鞅变法的伟大功绩，无愧于我们今天称他为"改革斗士"，他的变法将在中华民族的历史上永放光芒。

斯人已逝，千秋功过留与后人评说，后人应该哀之并且鉴之，继承其不畏艰难险阻、勇于开拓创新的精神，在改革

开放的今天以此来推动中国历史的发展。

　　商鞅变法发生在我国春秋战国时期，在此之前，我国社会经历了所谓的以禅让制为代表的原始社会的三皇五帝时期，此时，社会还处在天人不分的原始蒙昧阶段，随着生产力的发展，私有制的出现，到了夏禹，就出现了不传贤而传子的阶段。我国的政治制度由禅让制变为王位世袭制，这标志着我国社会进入宗教文化阶段。这时候，国君即为百巫之长，具有绝地通天，沟通天人的本领，代表上天来统治人民。到周朝时，天命观念有所动摇，周朝统治者提出了"皇天无亲，唯德是辅"的敬天保民观念。特别是到周公制礼作乐之后，标志我国进入礼乐文化阶段。在这个时期，礼用来别亲疏，乐用来和同异，以礼乐来维持社会的运转。此时我国的社会是以封建制、分封制和世袭制来作为统治基础的。西周建立之初，就分封自己的亲属和功臣到全国作诸侯国君，实行"建立屏藩，以卫周室"的政策。诸侯国君尊奉周王，定期向周天子供奉财物，并通过定期祭祀、宴饮来加强中央与地方的联系。诸侯国具有领兵保卫周王室的义务，而周王室只统治国都附近一小片

区域，没有军队，其经济和安全保障全部靠诸侯国的供应来维持。周天子利用家国同构的宗法血缘关系，来维持政权的运转，其统治核心是建立在"礼""乐"之上。到了公元前771年，周幽王废申后与太子宜臼，立宠妃褒姒为后，立其子伯服为太子，任佞臣，戏诸侯，国人怨，诸侯怒。于是，废太子宜臼的舅公申侯，近结交朝臣，外联合少数民族犬戎反叛周幽王。犬戎的军队攻破了都城镐京，并且在骊山的山坡上杀死了周幽王。申侯实现了自己的外孙宜臼由废太子转为

真天子的图谋，但代价是巨大而惨痛的，国破家亡，让犬戎饱掠而去。面对残破的国都和凋敝的原野，周平王即公子宜臼无奈东迁至洛阳，史称东周。而此时，众诸侯皆作壁上观，没有发兵帮助周王室，就在周王室绝续莫测之时，秦人挺身而出，秦襄公率兵救周，并且秦襄公派兵护送周平王至洛阳。事后，周平王封秦襄公为诸侯，并把周的都城镐京周围原有的废墟之地，以及岐山以西犬戎所统治的广大区域赐给了秦。秦于是立

国，位于诸侯之列。

　　而周室自东迁之后，由于年代渐远，与诸侯国君的血缘关系也逐渐疏离，再加上周王室势力的衰落，地方诸侯国势力的增强，诸侯不再尊奉周王室，各诸侯国之间为了争夺土地和人口而征战不休，我国进入了春秋战国时期。这一切变化，都随着井田制被破坏出现了新的生产关系而产生，特别是铁制农具的出现。新的生产关系是以一家一户为单位

的封建制生产关系，这一生产关系的出现，标志着新兴地主阶级开始登上历史舞台。为了维护地主阶级的统治，新兴地主阶级纷纷取得政权，以"三家分晋""田氏代齐"为标志，表明我国历史进入封建社会。各诸侯国君为巩固统治，纷纷以富国强兵为目标，实行变法，其最终目的是为了在诸侯争霸的战争中战胜敌国，以取得霸主地位。

西周、春秋间，天子的王畿和诸侯

的封国，都有"国"和"野"对立的制度。
国是指都城及其周围地区，都城里主要
住的是各级奴隶主贵族以及他们奴役的手
工业奴隶；都城的近郊往往分成若干"乡"，
住着奴隶主阶级的下层，统称为"国人"。
国人享有一定的政治经济权利，国家有大
事往往要征询他们的意见。同时他们有
缴纳军赋（贡献军需品）和充当甲士的责
任，成为奴隶主国家政治和军事上的支
柱。野也称"鄙"或"遂"，是指广大农
村地区，主要住的是受到奴役的从事农

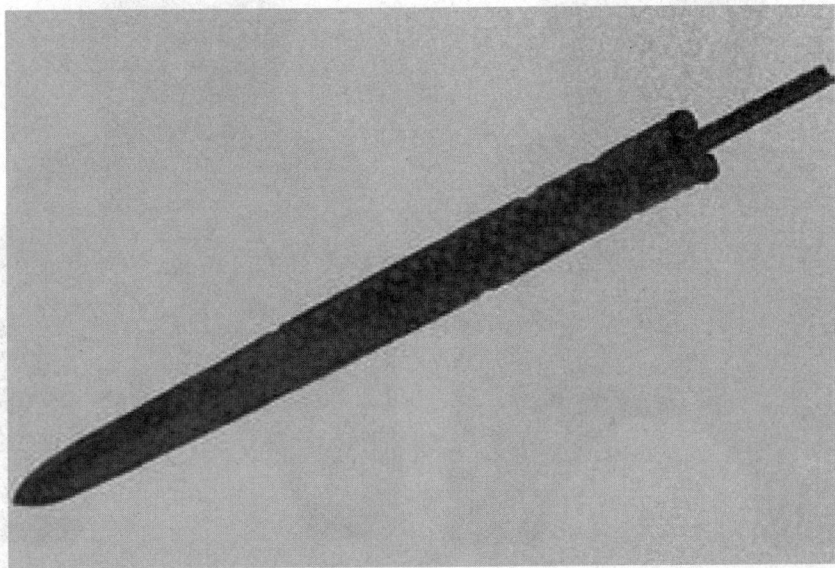

业生产的平民，称为"庶人"或"野人"。当时的农村中常常保留有"村社"的组织，用作劳动编组的形式，"野人"被迫在奴隶主贵族所有的井田上进行繁重的劳动。因此，国和野的对立，是阶级对立的产物，反映了奴隶社会内部奴隶主阶级和广大劳动人民之间的对抗性矛盾。

奴隶社会的井田制度，是由原始社会末期的村社制度演变而成的。原始社

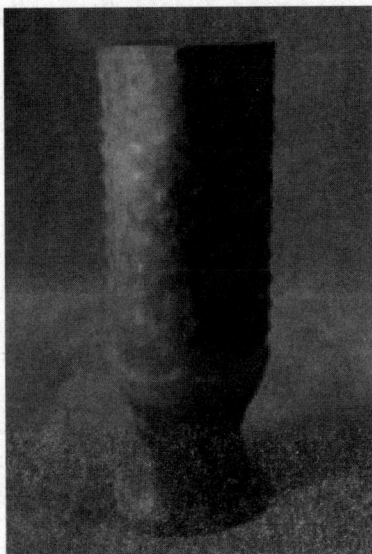

会末期，随着私有制的出现，产生了以个体家庭为生产单位的村社组织。在村社中土地分为两部分：一部分为"公田"，由村社成员集体耕作，收获储藏起来用于祭祖、聚餐、救济等公共开支；另一部分为"私田"，按土地质量差别平均分配给各个家庭，由各家自己耕作，自己收获，用来维持全家生活。为了保持均衡，私田每隔一年或几年重新分配和更新一次。公田上的集体耕作，由村社中的长老带头进行，每年春耕开始时由长老主持春耕仪式，先由长老作几下象征性的耕田动作，用来鼓励和组织村社成员全体耕作。商、周奴隶主国家在征服各地的过程中，在把土地连同居民一起分封给贵族的时候，这种原始村社就发生质变，变为奴隶主贵族奴役和剥削平民的单位，原来的公田被贵族占为私田，称为"籍田"，并加以扩充，作为剥削集体劳动的一种方式，被称为"籍法"或"助

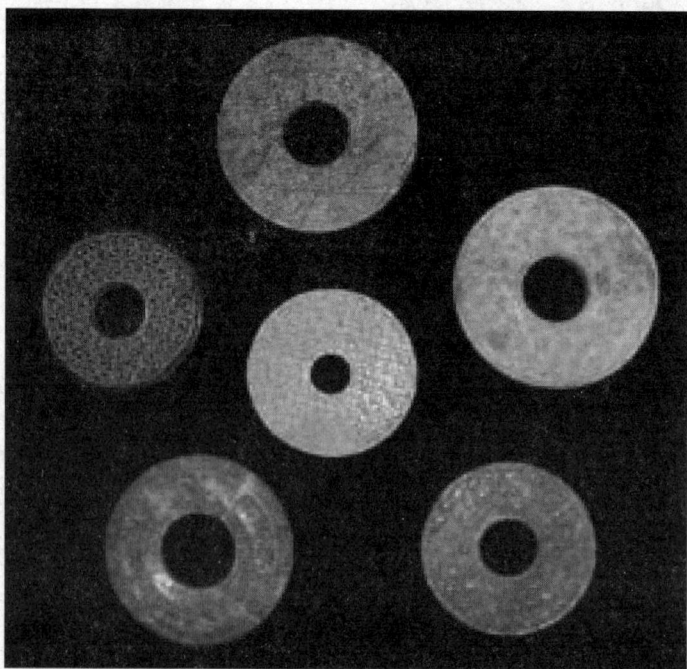

法"；私田也被贵族占为私有，但还保留有徒有其名的定期分配制度，其实耕作者并无土地的所有权。

按照井田制的规定，每家分配私田100亩（约合今31.2亩），要按年龄"受田"和"归田"，所谓"二十受田，六十归田"；还要定期重新分配私田，所谓"三年一换土易居"，"三岁更耕之，自爰其处"。所有这些，分明是从原始的村社制度转变而来。这时施行井田制的"里"和"邑"实质上已成为被奴役的单位，从事耕作的庶人实质上已成为集体奴隶。这时乡里的父老和里正已成为奴隶主贵族的下级官吏，监督人们从早到晚从事劳

动。在夜长的冬天，妇女"相从夜绩（纺麻线），女工一月得四十五日"，每天要纺织十八个小时，可见所受奴役、剥削的苛重。

西周、春秋间，从天子、诸侯到卿大夫，都有大块籍田，并把籍田上的收获作为主要剥削收入，所谓"谷田不过籍"。这时籍田上的集体生产物已被作为剥削收入，原来的春耕仪式已被改造成为"籍礼"，变成剥削者监督庶人从事无偿的集体劳动的一种方式。籍礼举行时，由周天子带头表演象征性的耕田动作，公卿百官依次跟着表演，最后由庶人真正从事耕作，一直耕作到收获为止。如果垦耕不好，就要判罪处罚。奴隶主为了掩饰其残酷的奴役方式，仍然虚伪地宣称举行籍礼是为了关心农业，宣称籍田的收获将用于祭祖和救济等等。

西周后期由于广大奴隶和平民的反抗斗争，奴隶主在王畿之内已经无法迫使平民大量集中到籍田上耕作，于是周宣王不得不废除籍礼，即所谓"不籍千亩"。到春秋时代，中原各诸侯国"民不肯尽力于公田"，例如春秋初期，齐国的"甫田"上已经野草丛生，诗齐风甫田描写当时齐国"甫田"上"维莠骄骄""维桀桀"，"骄骄"和"桀桀"都是形容野草丛生。陈国的情况同样如此，当周定王派单襄公去宋国，路过陈国的时候，看到那里"垦田若""田在草间，功成而不收""野有庾积，场功未毕"。就是说，

开垦的田地里长满了野草，田地埋没在野草中间，成熟的农作物没有收割完，已收的粮食堆积暴露在田野里，没有收进仓库。农业生产已经没落到如此地步，说明井田制已经瓦解，建立在井田制基础上的奴隶制农业生产已经无法维持了。

井田制的瓦解，一方面表现为"公田不治"，即"公田"上的农业生产逐渐没落；另一方面表现为井田以外开垦的私田不断增多。春秋后期以来，随着社会生产力的发展，分散的个体生产取代了旧式的集体劳动，以一家一户为生产单位的个体经济和个体经营的小农阶层，有了成为社会基础的可能。有些卿大夫在政治斗争中失败，他们的宗族也有成为小农的。例如晋国的范氏和中行氏族被赵氏战败流亡齐国，其子孙就"耕于齐"。又如楚国大夫伍奢次子伍员在其父被杀后出奔到吴，一度"耕于鄙"。个别失意的卿大夫也有参加雇佣劳动的。例

如齐国崔杼杀死齐庄公，庄公的亲信申
鲜虞出奔到鲁，曾"仆赁于野"，"仆赁"
是雇佣劳动。这些事实，表明当时小农
已较多，否则这些出奔的卿大夫不可能
插足其间。到春秋战国之际，这种小农
经济就逐渐发展。

随着社会生产力的发展，小农经
济的成长，井田以外开垦的私田逐渐增
多，封建制生产关系也就随之产生，封
建土地所有制也已出现。封建土地所有
制的出现和成长，必然与井田制发生矛

盾。随着封建土地所有制的逐步确立，封建生产关系不断发展，原来作为奴隶主阶级下层的国人，就进一步分化，有些转化为地主，多数转化为农民。公元前494年，吴国要陈国人随同攻楚，陈怀公为此召见国人，要求国人表态，凡是愿意从楚的站在右边，愿意从吴的站到左边，结果是"陈人从田，无田从党"，就是说，国人有田的按照田地所在的方位去站，没有田地的按照族党所在的方位去站。说明这时陈国的国人首先重视的是他们所有的田地，同时已有失去田地而成为"无田"的了。这说明到春秋晚期，国人正向地主和农民两个方面分化。与此同时，阶级斗争越来越尖锐，奴隶和平民有的相聚于山泽林薮之中展开武装斗争，有的被迫成为称作"隐民"的依附农民。为了挽救危机，巩固统治，各国的统治阶级纷纷进行改革。公元前594年，鲁国施行"初税亩"，就是废除"籍法"，开始实行按土地面积征税的办法，这固然是为了增加国家的赋税收入，但客观上公开确认私田的合法性和所有权，这就进一步破坏了作为奴隶制统治基础的井田制。到春秋晚期，中原各国都已经采用对土地按亩征税的制度，秦国在中原各国中，经济发展比较缓慢，直到公元前408年，才开始实行"初租禾"，这比鲁国的"初税亩"要迟一百八十年，这时的魏国由于最早实行变法，在诸侯

国中国力比较强盛，正不断攻取秦的河西之地，再加上国内阶级矛盾比较尖锐，在内忧外患的形势下，秦国不得不实行改革，实行"初租禾"来增加国家的财政收入，同时秦国的地主阶级也开始取得合法地位，从鲁国实行"初税亩"到秦国实行"初租禾"，标志着封建制生产关系在奴隶社会的母胎内生长成熟。

春秋后期，奴隶主贵族越来越腐朽，生活上越来越奢侈腐化，为了满足其无

穷的贪欲，就更加残酷地剥削劳动人民，贫苦人民或为乞丐，或相聚为"寇乱盗贼"，于是，阶级斗争的浪潮高涨。当时流行的谚语是：兽恶其网，民恶其上；盗恶主人，民恶其上。这里人民把憎恶和反抗斗争联系起来，说明当时的广大奴隶和贫民对奴隶主贵族的残暴统治再也不能容忍了，于是就起来反抗。春秋时期广大奴隶反抗奴隶主贵族的斗争主要有以下四种方式：第一种是逃亡，这是奴隶经常采用的方式，即史书上记载的"臣妾多逃，器用多丧"。第二种，役人暴动。第三种，民溃。这是比较进步的一种方式，例如《诗经》上所说："硕鼠硕鼠，毋食我黍！三岁贯汝，莫我肯顾。逝将去汝，适彼乐土。乐土乐土，爰得我所。"第四种，为盗寇，即农民的武装斗争。

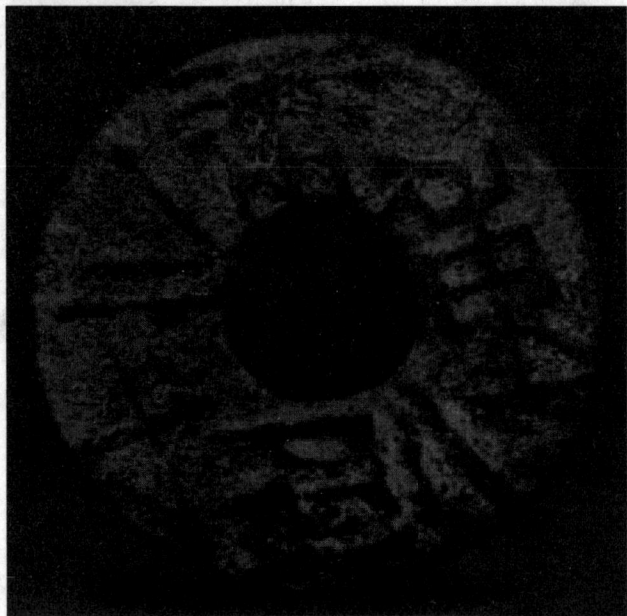

　　新兴的地主阶级登上历史舞台，随着其经济实力的增强，以"三家分晋""田氏代齐"为标志，新兴的地主阶级纷纷取得政权。为了巩固地主阶级专政，加强对农民的奴役和剥削，就先后不同程度实行变法，从中央到地方建立一套官僚机构，建立巩固封建统治的各种制度，建立专制主义的中央集权的封建政治体制，把分散的个体小农有组织地置于自己的统治和管辖之下，推行有利于自己的

政策，奖励耕战，谋求富国强兵，求得
在战国混乱的战争形势中以取得有力的
地位，以取得自己朝秦楚、募四夷的政
治野心。

在改革和战争成为时代主题的形势
下，偏居一隅的、落后的秦国为改革斗
士——商鞅的到来，提供了一个施展政
治抱负的大舞台。

二、法家与秦国

周室东迁以后，周王势力衰落，随着井田制的瓦解，新兴的地主阶级登上政治舞台，不再遵守西周分封制施行以来所实行的"礼乐"，出现了"礼崩乐坏"的社会局面。在思想文化方面，出现了百家争鸣，许多新兴的地主阶级站在自己的立场上，发表不同的见解和主张，以挽救这种"礼崩乐坏"的社会局面，于是，就出现了中国历史上第一个思想解放时代，即百家争鸣，法家就是

其中重要的一个学术流派。法家思想产生于三晋之地，出于狱官之手。春秋时期的晋国，地处北部，长期与戎狄等北方少数民族杂居在一起，地理条件较为恶劣，为生存问题经常发生争斗，受北方少数民族习俗的影响，形成"尚武、尚力"的传统。因历史上宫廷政变多发生在同宗贵族之间，国君靠和少数民族首领联姻并依靠他们的实力来维持政权，晋国国君血缘宗法观念淡薄，潜意识里把同宗贵族作为竞争对手来看待，因此形成"国无公族"的局面。不像中原各国重视血亲联系，重用同姓贵族，而晋国习俗恰恰与之相反，较少受儒家伦理道德的约束，这种环境特别适合法家的"刻薄寡恩、严而少义"的特点。与此同时，实行变法也较少受同宗贵族的阻挠和干扰，因此，法家思想就产生在三晋大地，代表人物有李悝、慎到、申不害等，法家思想特别适合春秋战国时期的战乱形

式，也特别适合当时诸侯国国君"富国、强兵、争霸"的急功近利的需要。法家重功利、奖耕战，提出"利国、利众、无亲"的口号，主张"官不私亲、法不遗爱"，加强以战争为主题的舆论宣传，教民以勇战，"民见战赏之多则忘死，见不战之辱则苦生，赏使之忘死，而威使之苦生"，利用严刑峻法使"民之见战也如恶狼之见肉，使民闻战而相贺，父勉其子，兄勉其弟，妇勉其夫，皆曰：'不得，无返'"。正是这种"民族杂居、夷狄之教"使晋国形成了异于中原重道德伦理的历史文化传统，在法家思想的推动下，晋国的六个卿大夫的实力迅速增强，并且超过了晋国国君，出现三家分晋的历史事件，标志奴隶制政权的崩溃和新兴地主阶级开始登上历史舞台。晋国的崛起刺激了其他各国的新兴地主阶级，纷纷接受法家思想，实行变法，因而法家思想受到当时各国统治者的欢迎，经济文化较为落后的秦国也不例外。

秦国为嬴姓部落，其祖先擅长养马、驾车，据传说，造父曾为周穆王驾驭马车，一日千里，前往昆仑山与西王母相会，后造父受封于赵，嬴姓部落一分为二。

擅长御车的孟增一支被周天子强令前往河东，而擅长养马的女防一支被迫前往河西，与西方少数民族戎狄杂居，在与戎狄的征战中，建立酋邦，后随实力的强大，到秦庄公时建立公国，但始终没有得到周天子的官方认可，一直到秦襄公时因护送周平王东迁有功而被封为诸侯，秦才立于诸侯之列。因建国时间较晚，经济文化不发达，故在孔子带领众弟子周游列国时也没有把秦作为目的地，一直到战国中期，荀子到秦后也发出"秦地无儒"的感慨。虽然秦国的政治、经济、文化不发达，但其在地理形势与文化传统上，却与晋国特别相似，都具有"尚武、尚力"的传统，且血缘宗法观念比较单薄，特别适合法家思想的传播，所以历史学家有一种说法：法家的思想即"晋地之花，却在秦地结出丰硕果实"。秦为了在诸侯之中立足并确立其地位，必须在文化上进行改革，努力接受中原的先进文

化，形成重视政治改革，招贤纳士的传统，这种世代传承的优良传统，为商鞅变法及后来的秦统一六国奠定了坚实的政治基础。正是由于秦兴起于戎狄聚居之地，受传统思想的影响较小，这也为政治改革减少了阻力，降低了其改革的政治风险。更何况秦与山东各国相比有一个比较大的优势，那就是领土广阔，周室东迁时，把周的旧地及岐山以西的广大地区全部赐给了秦国，在周代"普天之下，莫非王土；率土之滨，莫非王臣"的观念影响下，秦国的地域优势是其他诸侯国无法比拟的。山东各诸侯国，要想扩大土地和增加人口，就必须通过战争，因为各国的疆域在西周初期分封诸侯时就给限定了，而周天子却把半个中国交给秦来支配。广阔的领土、尚武的精神、招贤纳士的传统，所有这一切好像都是为商鞅准备的，为他提供了一个大显身手的舞台，历史在默默等待着商鞅的到来，而秦国也在为统一六国积蓄着力量。

三、商鞅入秦

　　秦是在周的废墟上建立起来的，其在建国以前还处在羌戎的包围之中，过着游牧生活，政治、经济、文化还十分落后。后来，秦日益接受华夏的礼乐文化，逐渐向封建社会过渡。这时候，秦的东邻魏国最先强大起来，魏文侯最早实行变法，任用李悝为相，吴起为将，使魏国的实力迅速强大，并且派吴起领兵攻取秦的西河之地。同时，魏国也处在秦东进中原的咽喉之地上，是秦国东进中原的最大威胁。魏文侯死后，吴起奔楚，辅助楚悼王实行变法，秦国的南邻也更加强盛了。东来的压力和南来的冲击传到关中，使秦国贵族中尚能以社稷为重的成员不胜忧虑，他们终于认识到在这样的外部环境下，秦国的苟安势必导致束手待毙，于是发动兵变，迎立流亡在魏的公子连回国即位。公元前351年，秦孝公即位决意继承其祖先秦穆公和其父秦献公的遗志，锐意改革，于是

颁发求贤改革诏书，通令全国，广招奇才，表示自己要发愤图强，做一个开疆拓土的国君。秦孝公还郑重宣布：不管是本国人，还是外国人，只要能献出奇计良策使秦国富强，就封他做大官，赏他大片土地。在这种形势下，"改革斗士"商鞅入秦了。

商鞅（约公元前390—公元前338年），战国时秦国的政治家，姓公孙，卫国贵族，又称卫鞅或公孙鞅。他虽是卫国国君的后代，但却是姬妾所生的庶出

公子，按照春秋时期的惯例，诸侯之子曰子，诸侯之孙曰公孙，故称其为公孙鞅，他又生于卫国，又以国名卫称呼他为卫鞅。后来，因帮助秦孝公变法有功，秦孝公把商、于之地分封给他，号为商君，顾又称其为商鞅。商鞅虽贵为公子，但家道已经败落，只好流落他乡，四处游宦。他读了很多书，很有学问，知识渊博，少好刑名之学，即法家思想，他演习法家创始人李悝的《法经》，而且在做魏国相国公叔痤的门客时，有机会接触到吴起的作品，因此涉猎了不少兵家的著作。后来师从鲁国人尸子、长卢学习杂家的理论，再加上他对社会和时局具有敏锐的观察力和把握力，因此成为战国时代的英雄。无论是谁，无论做什么，历史只会把机会交给有准备的人，作为改革斗士的商鞅也是如此。

　　年轻的公孙鞅看到卫国十分弱小，根本不是自己施展才干的地方，就跑到魏国，做了魏国国相公叔痤的门客。公叔痤很快就发现公孙鞅是个人才，就想

把他推荐给魏王。有一次，公叔痤病了，魏惠王亲自来探问病情。公叔痤乘机对魏惠王说："我的门客公孙鞅虽然年纪不大，但才能出众。万一我有个三长两短，大王可以把国家大事托付给他。"魏惠王听了，没有作声。公叔痤知道魏王不肯重用公孙鞅，于是对魏王说："大王如果不愿任用公孙鞅，那您就把他杀了，千万别让他跑到别的国家去，否则后患无穷呀！"魏王一口答应下来，然后就起身回宫了。魏惠王一走，公叔痤立刻派

人找来商鞅，告诉他说："今天我向大王
推举你，不过我看大王并没有任用你的
意思。于是，我让大王把你杀掉，大王
答应了。你得马上离开魏国。"商鞅笑着
说："大王既然不听您的话重用我，又怎
么会听您的话杀我呢？"于是，他哪儿
都没有去。果然不出商鞅所料，魏惠王
离开后，对左右说："公叔痤真是病糊涂
了，一会儿让我把国家大事都托付给公
孙鞅，一会儿又让我杀了他。这不是荒
唐透顶吗？"公元前362年，秦孝公即位，

他通令全国，广招奇才，表示自己要发愤图强，做一个开疆拓土的国君。秦孝公还郑重宣布：不管是本国人，还是外国人，只要能献出奇计良策使秦国富强，就封他做大官，赏他大片土地。此时，公叔痤已经病死，商鞅知道魏惠王肯定不会重用自己，又听说秦孝公招纳贤才，就来到了秦国。

商鞅在魏国得不到重用，那他是怎样得到秦孝公的重用的呢？秦孝公为什么会任用他变法呢？商鞅第一次见到秦

孝公时，向他大讲尧舜禹的仁义，要求
秦孝公学习他们，行帝王之道。秦孝公
根本听不进去，直打瞌睡。第二次，商
鞅把第一次的话重复了一遍。秦孝公不
耐烦了，生气地对商鞅说："你怎么如此
迂腐？我怎么能重用你啊？"商鞅请求第
三次见秦孝公，这次以富国图霸之术游
说他。商鞅对秦孝公说："一个国家要富
起来，必须注重农业；要强大，必须奖
励将士；要把国家治理好，必须有赏有罚。
有了重赏，老百姓就能够拼命；有了重罚，
老百姓就不敢犯法。有赏有罚，朝廷才

有威信，一切改革也就容易进行了。"秦孝公听得津津有味，一连和商鞅谈了好几天，并决定重用商鞅，变法图强。

秦孝公要任用商鞅变法的消息传开后，很多人表示强烈反对。秦孝公于是把大臣们召集在一起，让他们辩论。大臣甘龙首先反对说："我听说圣贤之人不用改变民众的习俗来推行教化，明智的人不用改变原来的制度来治理国家。如果不按老规矩办事，随意变动旧法，天下的人就要议论，甚至会引起混乱。"另

一位大臣杜挚也反对说："如果没有百倍的好处，不必改变旧有的法制，没有十倍的功效，就不必更换原有的规矩。遵守古法不会错，按照传统规矩办事不会差!"商鞅针锋相对批驳道："你们这些人，只会墨守成规。要知道，有智慧的人为国家制定新法，平庸的人则只能受制于成法。过去的帝王并不是走同一条路，该仿效哪个帝王?商汤与周武王，他们并没遵循古代的制度，不是也兴旺发

达起来了吗？夏桀和商纣王，没有改变旧有的制度，不照样灭亡了吗？现在，要使国家富强，怎能不变法呢？"商鞅滔滔不绝，说得大臣们个个哑口无言。秦孝公听他讲得头头是道，十分高兴，更加坚定了变法的决心。于是，他任用商鞅为左庶长，掌握军政大权，开始进行一系列重大改革。

商鞅上任以后，很快制定了一些新法。为了取信于民，商鞅在新法公布之前，命人在秦国京都的南门口立了一根长约三丈的木杆，并贴出告示："谁能把这根木杆扛到北门去，赏黄金十两！"布告一出，南门口围了一大群人，大家交头接耳，议论纷纷。有的说："这根木杆谁都拿得动，哪儿用得着十两金子？"有的说："这大概是官府在跟咱们开玩笑吧！"甚至有的还说："谁知木杆子里藏着什么货色。就凭这根三丈长的木杆，扛着走这么点路，就赏十两黄金？说不定会引来什么麻烦，大家千万不要没事找事！"人们只是你看看我，我看看你，没有人敢去扛。商鞅听说没有人肯扛木杆，一下子就把

赏金加到五倍，说："能把这根木头扛到北门去的，赏他五十两黄金。"人们听了，吓得直吐舌头，看热闹的人越来越觉得不近情理，大家对这根木杆连碰都不敢碰了，更别说扛了。正在大家疑神疑鬼的时候，忽然人群里钻出一个小伙子来。他打量了一下那根木杆，就说："我扛得动！"于是把木杆扛起来就走。大家闪开一条道，嘻嘻哈哈地跟在小伙子身后向北门跑去，把木杆送到北门，大家又陪小伙子回到城南门。小伙子一到，商鞅就对他说："你听从朝廷命令，是个奉公守法的好人。"当时就命人把五十两黄金端了过来，赏给了那个小伙子，一分也不少。看热闹的人一见他真得了赏，都愣了。他们都后悔刚才没扛，错过了机会。这件事情立刻传开了，全国都知道了。老百姓都说："现在官府真是说话算话啊！"

　　商鞅在得到秦孝公的大力支持以后，经过御前大辩论和"徙木立信"，为即将到来的改革做了有力的舆论准备之后，就开始了大刀阔斧地改革，随着《肯草令》的发布，标志史无前例的商鞅变法已进入实施阶段。

四、商鞅变法

在前后十几年的时间里，商鞅共进行了两次变法。

（一）第一次变法

秦国经过了三年的变法准备，到公元前356年，秦孝公任用商鞅为卫庶长，实行第一次变法，主要内容有下列四点：

1. 颁布法律，制定连坐法，轻罪用重刑。商鞅把李悝所制定的法经增加了

连坐法。就是在按五家为一伍，十家为一什的基础上，建立相互告发和同罪连坐的制度，告发"奸人"的可以如同斩得敌人首级一样得到奖赏，不告发的要腰斩，如果一家藏奸，与投敌的人受到同样的处罚，其余九家如果不告发，要一起办罪。旅客住店要有官府凭证，否则，店主人与奸人同罪，其目的是为了限制人民的随意流动和战国时期纵横家的四处游说。还主张对轻罪用重刑，认为这同样可以迫使人民连轻罪也不敢犯，重罪就更不用说了，这叫"以刑去刑"。为了保护私有的马和耕牛，对盗窃牛马的人判处死刑，为了统一度量衡，规定"步过六尺者有罪"。对轻罪用重刑，目的在于贯彻指定的法律，运用封建政权的力量，加强对人民的统治，更重要的是把人民的反抗斗争给镇压下去，以达到地主阶级所说的"大治"。《战国策》评价商鞅变法的成效是："道不拾遗，民不妄取，兵革大治。"史记称赞其为："道不

拾遗，山无盗贼，家给人足……乡邑大
治。"

2. 奖励军功，禁止私斗，颁布按军
功赏赐的二十等爵制度。颁赐爵禄，基
本上是财产、权力以及社会地位的一种
分配制度。西周以来，为了巩固宗法制
度以及统治者的权力，周王朝将爵位基
本上分为公、侯、伯、子、男五等，俗
称五等爵，其主要特点是将宗法血缘关
系和爵位紧密结合在一起，而且世代相
传罔替到。春秋战国时期，一种新的爵
禄制度开始兴起，爵位开始与宗法血缘
脱钩，爵禄也止于其身或三代而止。商
鞅变法时，就采用了这种制度，并且把
爵位分得更细，分为二十等：第一级是
公士；二级是上造；三级是簪袤；四级
是不更，是相当于士的；第五级是大夫；
六级是官大夫；七级是公大夫；八级
是公乘；九级是五大夫，是相当于大夫
的；第十级是左庶长；十一级是右庶长；

十二级是左更；十三级是中更；十四级
是右更；十五级是少上造；十六级是大
上造；十七级是驷车庶长；十八级是大
庶长，是属于庶长一级的，相当于卿的；
第十九级是关内侯；二十级是彻侯，也
叫列侯，是相当于诸侯的。收回贵族所
有的爵位，取消他们的特权，所有一切
都与战场的军功挂钩，即只有在战场上
立下功劳的，才可以重新回到贵族的行
列，领回爵禄。并且此时的秦国，老百
姓的衣食住行都与爵禄联系起来，吃饭

穿衣都与军功挂钩，有严格的规定，"有军功者显荣，无功者虽富无所芬华"。占有田宅、奴隶的多少以及服饰穿戴，都必须按照爵位等级的规定，否则是要受到处罚的，同样，以奖励军功而禁止私斗，"为私斗者，各以轻重被刑"，把全国人的注意力都集中在战场上，从政治、经济等多方面建立军国体制，以适应战国时期战乱形势的需要。

3.重农抑商，奖励耕织，特别是奖

励垦荒。秦国地广人稀，荒地较多，再加上农业生产条件不太好，秦人传统上以游牧为主，故多战马，而军粮缺少，特别是遇到灾旱之年，情况更差。所以商鞅在秦国把奖励开垦荒地作为发展农业生产的重点。商鞅变法令规定："戮力本业耕织而致粟帛多者，复其身；事末利及怠而贫者，举以为收孥。"本业指从事男耕女织的生产事业，末利指商业和手工业，复其身指免除其本身的徭役，收孥指连同妻子、儿女收入官府为奴隶。这样的法令是为了奖励一家一户的男耕女织的小农经济的生产，有利于推动封建生产力、封建生产关系的发展，从而促进地主经济的发展，增强地主阶级的实力。为了达到重农的目的，商鞅不惜采用各种办法抑制商人及商业活动，在《垦令》里规定：第一，商人不得卖粮，不能卖米粮，就无利可图，那么就对自己的行业胆怯怀疑；第二，提高酒肉价

钱，把酒肉的价钱提高十倍，并加重其税，那么，酒肉商人就无利可图，一定会数量大减，而在位者就不能随意挥霍；第三，废除逆旅经营，不许商人经营旅馆，旨在限制劳动人民的流动和削减纵横家的游说活动；第四，加重商品销售税；第五，商家的仆人必须服兵役。其目的都是为了减少商人的数目和活动。另一方面，采取多种措施鼓励和资助农业的发展：第一，增加农民的数目，这是抑商的直

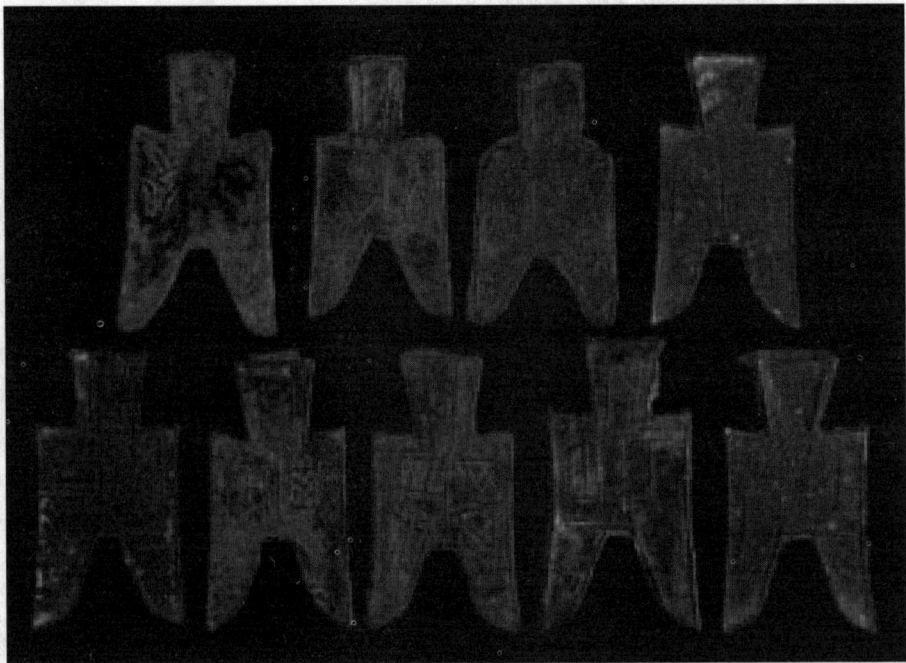

接目的，农民数目增加了，农业自然也就发达起来了。第二，逼迫农民专心务农，禁止农民购买粮食，逼迫他们自食其力。第三，使农民愚守于耕种，隔绝农民与知识的关系，使他们愚昧无知则不生异心，就专心致力于农耕了，同时也要逼迫农民心静如水，就能安心务农了。第四，裁减官吏，使农民不累。官员数量少则税轻，官员廉政则民静，农民自然不受干扰，就有时间去开垦荒地了。还主张"一山泽"，就是由国家统一管理山泽之利。

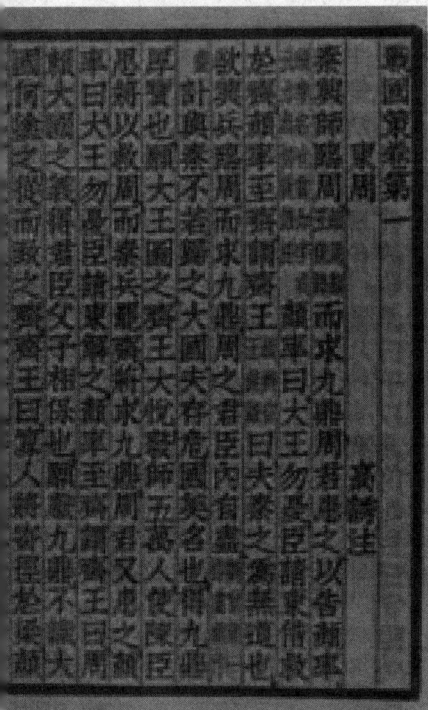

所有这些措施，其目的在于防止商人损害和破坏小农经济，扶助小农经济的发展，这在封建社会刚开始确立阶段有巨大的进步作用。

4.焚烧儒家经典，禁止游宦之民。商鞅为了推行变法令，打击儒家的复古思想，曾断然采取"燔诗书而明法令"的措施，同时下令禁止私门请托，禁止游说求官的活动。

商鞅的变法必然会引起旧贵族的反抗，一时国都内"言初令不便者以千数"；后来这些人又前来献媚说令便，商鞅称之为"乱化之民，尽迁之于边城"。历史上任何一次变法维新，都不仅是一种治国方略的重新选择，而且是一种利益关系的重新调整，这便是改革会遭到阻力的真正原因。由于商鞅废除井田、奖励耕战等改革措施触犯了贵族阶层对土地和官职所一向具有的垄断特权，因而便遭到了以太子为首的既得利益集团的强烈反对。但是商鞅并没有被这些有权有势的人所吓倒，他认为法律的制定，并不只是用来制裁老百姓的，自古"法之不行，自上犯之"，因而主张首先惩办那两位唆使太子违抗新法的老师。结果，公孙贾的脸上被刻上了墨字，公子虔则因屡教不改而被割掉了鼻子。商鞅此举，确实起到了"杀鸡儆猴"的作用。人们看到，就连太子的老师都逃脱不了法律的制裁，于是再也不敢抱有任何侥幸的心理了。经过商鞅的这番努力，新法"行

之十年，秦民大悦。道不拾遗，山无盗贼，家给人足。民勇于公战，怯于私斗，乡邑大治"。《战国策》对此事的评论是："商君治秦，法令至行，公平无私，罚不讳强大，赏不私亲近，法及太子，黥劓其傅。期年之后，道不拾遗，民不妄取，兵革大强，诸侯畏惧。"商鞅执法敢于不避贵势，在秦国震动颇大，这是上下都能奉公守法的重要原因。新法令推行几年后，秦国百姓家给人足，臣民勇于公战而怯于私斗，故国势蒸蒸日上，孝公以商鞅为大良造。商鞅受命为大良造，

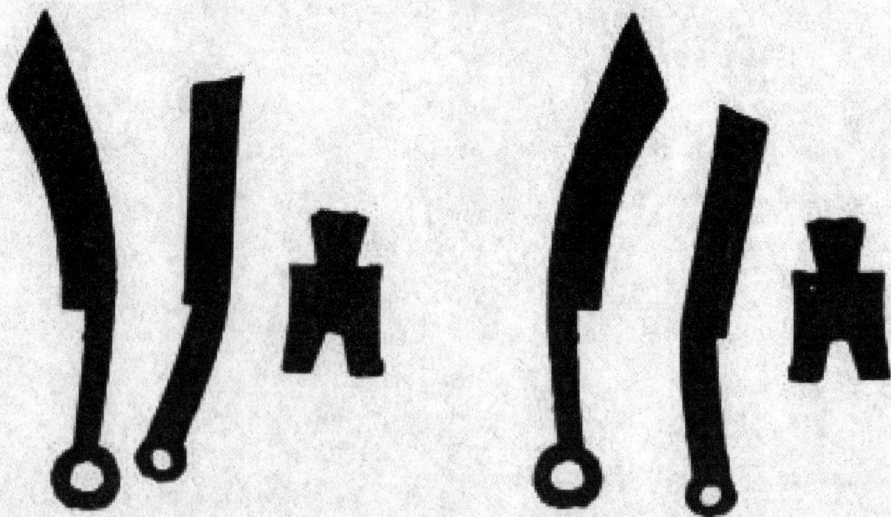

接着办理了两件事：一，出兵占领魏固阳。固阳是魏的重要关塞，魏在此地修筑魏长城用以抵挡秦国的进攻，是秦、魏两国的必争之地，商鞅占领固阳，那么，魏长城就失去了应有的防御作用，而秦东部边疆的压力就相对减轻了。有了相对稳定的环境，商鞅才有时间安心地推行改革。二，迁都咸阳。秦占领固阳之后，魏长城就失去了作用，河西之地尽在秦国的势力范围之内。这个时候，秦国已不再是一个固守一隅、落后懦弱的国家了。秦人的视线已放眼东方，准备渡过黄河，把战场开辟到黄河以东去，为了达到这战略目的，必须把首都迁到更理想的地方，便于运作全国经济、政治及军事。咸阳是秦孝公及商鞅理想之地。咸阳，北倚高原，南临渭水，坐落在秦岭怀抱之间，沿渭水而下，可直达黄河，然后直奔函谷关，利于出击，是东向发展的方便之地。经过三年的经营，咸阳

终于具备了国都的条件。两年后，秦从雍
（今陕西省凤翔）迁都咸阳，并第二次下
变法令。

（二）第二次变法

公元前350年，商鞅进行第二次变
法，这次变法进一步从经济和政治上进
行改革，目的在于进一步谋求富国强兵。
变法内容主要有以下几点：

1. 废除奴隶制的井田制，"开阡陌
封疆"。阡陌指每一亩田的小田界，封
疆指每一顷地的大田界，意思是指废除
井田制，把原来百步为亩的"阡陌"和
每一顷田的"封疆"统统废除，开拓为
二百四十步为一亩，重新设置新的界限。
这项举措是为了废除奴隶制度下的土地
国有制，允许并承认土地私有和买卖，
扩大政府拥有土地的授田制度，以利于
地主经济的发展，增加封建政权的地税

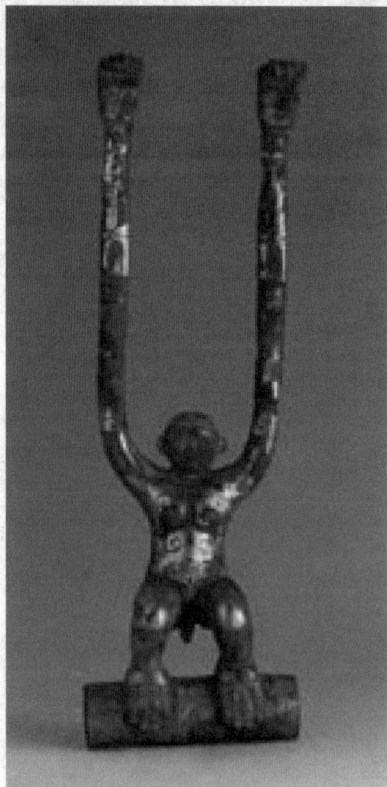

收入。因此，所谓"废井田、开阡陌、封疆"，是为了重新整治耕地，令民力尽其用，使军功授爵赐田发挥更大的作用。并且颁布法律严禁侵犯私有土地，即"盗徙封，赎耐"。就是指把私自移动田界看做偷盗行为，要判处耐刑（即剔除鬓发），但允许出钱赎罪。

2. 普遍推行郡县制，设置县一级官僚机构。秦孝公时代，秦国已实行郡县制代替封建世袭制，进一步加强中央对地方的控制，也进一步将地方官员的任

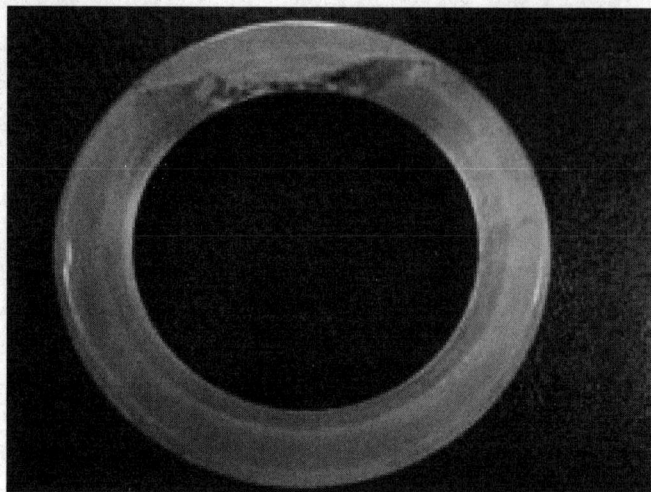

免大权集于国君一身，商鞅这时把乡、邑聚（村落）合并为县，建置了四十一个县，设有县令、县丞等地方官吏，还设有县尉。县令是一县之长，县丞掌管民政，县尉掌管军事。公元前349年"初为县有秩史"，就是在县官之下，开始设置有定额俸禄的小吏，从此县一级地方行政机构才正式确立。县制的普遍推行，是为了把全国证券、兵权集中到朝廷，建立中央集权的封建政治体制，以便于巩固封建统治，发展地主经济。《商君书·恳令篇》说："百县之制一形，则从；迁者不饰，代者不敢更其制，过而废者不能匿其举。"

就是说，各县的政治制度都是一个形态，则人人遵从，奸邪的官吏不敢玩弄花样，接替的官吏不敢变更制度，犯了错误而罢黜的官吏就不敢掩盖其错误行为。还认为，只有这样，才能"民不劳""民不敖"，做到"农多日，征（征收赋税）不烦，业（农业生产）不败，则草（草地）必垦矣"。在不实行封建制度的前提之下，对于新占领地区，秦必须构思出一套管制的办法，而郡县制度正好满足这个需要。商鞅此时加以推行，一方面说明秦国新占领地区逐渐增多，另一方面也是未雨绸缪，使这套制度推行到全国去，成为秦

治国的基本政体。

3. 统一度量衡制，颁布度量衡的标准器。这是公元前 344 年具体实施的，对于统一赋税制度、俸禄制度和发展商业，都有一定的作用。统一全国的度量衡，是商鞅改革的一项重要措施。它不但显示了某项标准在一个国家内必须统一，也昭示世人秦国有统一所有不同标准的决心。因此，对秦国而言，统一度量衡不过是这个决心的第一声而已。根据司马迁的概括，法令为"平斗桶、权

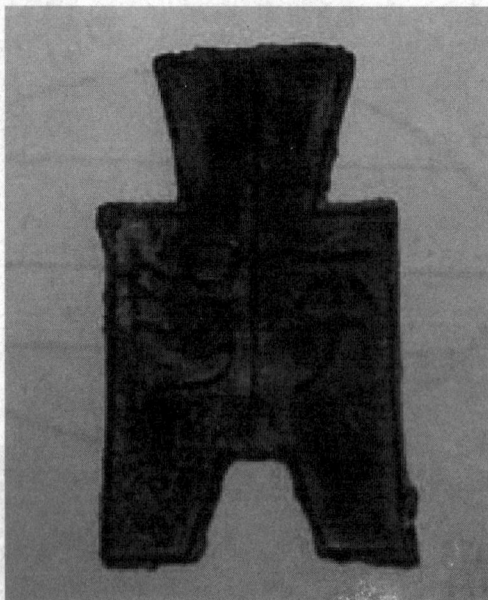

衡丈尺"。斗桶，指计算容积的衡器；权衡，指重量的衡器；丈尺，指长度的衡器。商鞅在此次的改革中，统一了全国的容积、重量、长度的度量标准，以及货币制度。除了颁布政令，商鞅也采取了一系列具体步骤来达到这个目标。首先是将全国的度量衡及货币规定出相同的进制，其次是制造统一的标准度量衡仪器，并将它们散发到全国各地，使各地以此为标准。流传到今日，我们还能看到"商鞅方升"（铸刻于秦孝公十八年的铜质，今藏于上海博物馆），就是散发给全国各地做标准的一种衡器。在春秋战国时期，度量衡及货币不仅在各国各地之间有差异，而且在一个国家之内也有差异，情形相当紊乱。例如齐国早期的公量以四升为斗，四斗为区，四区为釜，十釜为钟。然而，田氏为了收买人心，改作五升为斗，五斗为区，五区为釜，十釜为钟。同一个国家之内，就有两种标准。这样，当然给

政府的税务制度带来很大的困扰，因而，统一这些不同标准是有远见的政治家刻不容缓的一项工作，商鞅走在了时代的前头，不愧为改革斗士。

4. 开始按户按人口征收军赋。公元前384年秦"初为赋"，这是按户按人口征收的军赋，就是云梦出土秦律所说的"户赋"，也称"口赋"，为汉代"算赋"的起源。秦律规定，男子成年要向政府登记，分家另立户口，并缴纳户赋。如果隐瞒户口，逃避户赋，就成为"匿户"，要严加惩罚。如果男子成年而不分家登记户口的，要加倍征收户赋。商鞅曾下令："民有二男以上不分异者，倍其赋。"当时商鞅没有采取鲁国季孙氏那样"用田赋"的办法，而是采取按户按人口征收的办法，这是为了奖励开垦荒地，保护地主阶级的利益，增加地主政权的赋税收入。杜佑指出这是"舍地而税人"；马端也说，这是由于"任民所耕，不计多少，于是施舍地而税人"。《商君书·垦令篇》说："禄厚而税多，食口众者，败农者也。则以其食口之数，赋而重使之，则辟淫游惰之民无所于食。"这是说，俸禄厚而收入田租多的，家中养着众多吃闲饭的人，这对发展农业生产十分不利。政府征收口赋，并加重他们的徭役，那么这些游荡懒惰的人就没处吃饭。这说明商鞅采取这项措施的目的之一，是为了限制官僚地主豢养的食客的数目。但是，只征收口赋的结果，受害最大的还是广大农民和其他劳动人民，因为这样大大增加了贫苦劳动人民的负担。商鞅规定一家有两个成年男子的必须分家另立户口，否则就要加倍征收赋税。这是为了确立以一夫一妇为单

位的农户，以便于开垦荒地，扩大农业生产，增加政府的地租收入和封建国家的赋税收入。强力推行小家庭制除了有利于土地开发，增加国家税收之外，恐怕也和扩大兵源有关系。当时，征兵制是以户口为单位的，户口增加，兵的数量当然就随之增加了,《商君书·境内》谓全国的"丈夫、女子"都必须登记在册子上，这本册子就是国家收税、征兵的依据。所以，推行小家庭制是多种目标的，对秦国的国势具有决定性的影响。但这种对不分家的成年男子加倍征赋的法令，虽有助于小农经济和封建生产关系的发展，却给贫苦人民带来了深重的灾难。

5. 改革残留的戎狄风俗，禁止父子兄弟同室而居。由于秦国的西南和西北都是少数民族，秦国统一了许多少数民族地区，因而秦国残留的戎狄风俗还是很多的。根据后代的记述，北方少数民族的习俗与华夏有很大的不同，特别表现在男女婚事上：儿子可以娶他的后母，孙子也可以娶他的后祖母；祖父虽未死，他的孙子也可以娶后祖母；叔父死，他的侄子可以娶叔母；兄弟死，他的弟弟可以娶嫂子，从兄弟也可以。似此情形，证明其男女关系非常复杂，不因父子兄弟而有别，更不因此而分居，这与中原各国重视宗法血缘、伦理道德的中华传统习俗有很大的不同，还停留在原始社会的群婚、群居的制度阶段，因此，商鞅就实行法律移风易俗，使其接受先进的中原文化，其目的还是在于加强封建统治。

比较商鞅的两次改革，就会发现，

第一次改革着重于基本层次方面：一方面实行分户令，挖掘农耕劳动力的数量潜力，使农业增产，粮食增收，为军粮做准备。另一方面鼓励百姓争功，以军为荣，建立军国主义的体制，基本上围绕农耕、征战两大主题展开。到第二次改革，他征收人头税，统一度量衡，推行新的郡县制，这些都和建立统一的封建政权有很大的关系。换句话说，首次改革的眼光是放在国内，第二次改革就放眼中原了，据此，就足以证明，商鞅不愧为一个改革斗士，是一个具有雄才大略的改革先行者。

虽然商鞅推行第一次改革用了六年

时间，而且成绩显著，然而，保守派的
势力依然存在，以太子为首的一派旧势
力仍然负隅顽抗，准备和这位外来宾客
周旋到底。在第二次改革推行的第四年，
保守派的代表人物公子虔发难"复反约"，
以身试法，与商鞅对抗，考验商鞅，商
鞅依然与之对抗到底，再次惩罚了公子
虔，割掉了他的鼻子。公子虔是太子的
师傅，按中国传统"不看僧民看佛面，
打狗也要看主人"的说法，他的一再被罚，
是不给太子面子，此举虽然对保守派的
打击非常大，但也为商鞅后来的悲惨结

局埋下了祸根。商鞅为了贯彻改革，一再留下祸根，可算是因公忘私了。

铲平了保守派设置的障碍之后，商鞅继续推行变法改革，仅几年光景，举国上下都朝向"农耕、军战"的目标努力，秦国富强起来，而且声名远扬取得了山东各国的认同。秦孝公十九年，即公元前343年，为了庆贺秦国的丰功伟业，周天子致伯，如桓谭《新论》上说："无制令刑罚谓之皇，有指令而无刑罚谓之

帝；赏善诛恶，诸侯朝市谓之王；兴兵
约盟，以信义矫世谓之伯。"周天子封秦
孝公具有"兴兵约盟，以信义矫世"的"伯"
的霸名。次年，据《史记》记载："诸侯
毕贺，秦使公子少官率师，会诸侯逢泽，
朝天子。"诸侯纷纷派使者前来祝贺，秦
孝公还派公子少官为代表，带领军队与
诸侯相会于逢泽，然后，一道朝见周天
子，具有了"挟天子以令诸侯之势"。这
时候的秦孝公，不但已达到求贤诏中所
说的"西霸戎狄，广地千里，天子致伯，
诸侯毕贺"的战略目的，而且，秦国恐
怕已有了更大的野心。

秦国逐渐强盛，发动了一连串的军
事进攻。商鞅实行改革的第二年，秦孝
公与魏惠王相会于杜平，这次相会，一
则向诸侯显示秦国富民强，国势增加；
二则秦急于打开向东的通道，所以借这
个机会试探虚实。相会的第二年，即公
元前 354 年，在魏国与赵国大战于邯郸

的时候，秦国乘机从魏的背后攻打上来，斩首七千，夺去了魏国的少梁，这是商鞅变法后第一次军事上的大胜利。公元前352年，即秦孝公十年，商鞅被升为大良造，掌握了秦国的军政大权，这个时候的中原各国，正在进行大规模的激战。魏军攻克了赵的国度邯郸，大部分军队胶着在那里，而楚国却来援助赵国，出兵攻打魏国，所以，魏国腹背受敌，东边的齐国见有机可乘，也出兵与魏国作战，打败了魏军，俘虏大将庞涓。掌握军政大权的商鞅，立刻带领大军长驱直入，穿过河西，直扑魏的旧都安邑，不费吹灰之力，就占领了安邑，这时候的魏惠王，才感到非常后悔："寡人恨不用公叔痤之言也。"秦孝公二十年（公元前342年），魏国又与齐、赵、宋等国进行大战，魏国在马陵被齐国打得落花流水，太子申被俘虏，魏将庞涓自杀，魏国的国势江河日下。这时，商鞅向秦孝公建议："秦之于魏，譬如人之有腹心疾，非魏并秦，秦即并魏。何者？魏据领轭之西，都安邑，与秦界河而独擅山东之利。利则西侵秦，病则东收地。今以君之贤圣，国赖以盛。而魏往年打破于齐，诸侯畔之，可因此时伐魏，魏不支秦，必东徙。东徙，秦居河山之固，东乡以制诸侯，此帝王之业也。"秦孝公立刻接纳了商鞅的建议，即刻任商鞅为大将，出兵伐魏，而此时魏的主将是公子卬，有关这场战争，《史记·商君列传》这样记载：军即相距，商鞅将公子卬书曰："吾始与公子欢，今俱为两国将，不忍相攻，可与公子面相见，盟，乐饮而罢兵，以安秦魏。"很显然，商鞅是以诈术欺骗魏公子卬，不是通过正当手段打败魏兵，用兵不厌诈的手段，骗走了魏国的主将，赢得了这场战争的胜利，并乘胜追击。这一战虽然生擒了魏的主帅公子卬，然而，却胜之不武，赢得非常不光彩。历史上非议商鞅以诈

术取胜者不乏其人，比如与商鞅时代最接近的应侯说："夫公孙鞅事孝公，极身无二，欺旧交，虏魏公子卬，卒为秦将破敌军，攘地千里……"用一"欺"字，可见当时的人对商鞅的做法已有微词了。其后批评者日多，《吕氏春秋·无义》说："公孙鞅因伏卒于车骑，以取公子卬。秦孝公殁，惠王立，以此疑公孙鞅之行，欲加罪焉。公孙鞅与其母归魏，襄疵不受，曰：'以君之反公子卬，吾无道知君。'"出卖旧友以赢取军功，秦魏两国都不能相容，商鞅付出的代价太大了。《新序》里评价此事："无信，诸侯畏而不亲。今商君倍公子卬之旧恩，弃交魏之明信，诈取三军之众，故诸侯畏其强而不亲信也。"诈取军功，商鞅虽有功于秦，却违背了中华民族的儒家礼仪道德规范，永远逃脱不了历史的道德审判。

总而言之，自改革以后，秦国富民

强，加上商鞅的多谋善战，为秦国带来
丰硕的战果，开地千里，威震天下，秦
国后来的国君都蒙其泽。就在商鞅生擒
魏公子卬后，秦孝公封商鞅于商、于之
地十五城，人称其为"商君"，他的个人
功业达到了顶峰。这个时候的秦国，内
力法度，外修兵备，南有巴蜀，东战河西，
此时的秦国已不再是昔日的屈居一隅的
边远小国，而是一个具备了向东扩张实
力的军事强国了。秦孝公以后的历代国
君，就沿着商鞅开创的这条道路继续走
下去，最后完成了统一六国的伟业。贾
谊在《过秦论》中说："秦孝公据崤函之
固，拥雍州之地，君臣固守以窥周室……
当时是也，商君佐之，内力法度，务耕织，
修守战之备，外连横而斗诸侯，于是秦
人拱手而去西河之外。"可见，若无商鞅
及其变法，秦恐怕没有拱手而去西河之
外的能力，恐怕也没有能力统一天下。

五、商鞅之死

　　商鞅自公元前361年入秦，先后两次实行变法，由左庶长升大良造，又于公元前340年受封为"商君"。在这20年间，商鞅不仅为秦奠定了帝王之基，而且使其个人登上了富贵功名的顶峰。正当商鞅心满意得之时，一个恶兆袭来——秦孝公身染重病，"疾且不起"。

　　秦孝公知道太子与商鞅素有仇隙，而且其他宗室贵戚也对他深怀积怨，如果自己故去，太子即位，君臣之间将发

生严重内讧，则秦国的基业也有可能被断送，想到此，秦孝公打算效仿古人的禅让制，传位于商鞅，以完成自己的未竟之业。商鞅受秦孝公知遇之恩，在秦孝公临终之时，岂敢越君臣之大防？而且，夺太子的王位名不正则言不顺，言不顺则事岂能成？因而，他审时度势，作出了"辞不受"的决定。而秦孝公患病的消息却令一些顽固派们蠢蠢欲动，随着秦孝公患病的消息在宫廷内外的传播，种种攻击推翻商鞅的阴谋也在暗中紧锣密鼓地进行着。一些郁郁不得志的士人也预感到秦国政局的变化，在此时也活跃起来。有一天，一个叫赵良的隐士经别人介绍来到商鞅的家中。商鞅一见到赵良，就提出愿与他结为朋友，而赵良却旁敲侧击暗中讽喻，说："我不敢存这样的希望，孔丘说过：'推荐了贤能，受民拥戴的人才肯进取；不贤的人聚在一起，讲王道的人就会隐退。'我是个不贤的人，不敢从命。我还听说：'占有跟自己不相称的名声，就叫做贪位。'我如果接受了您的愿望，恐怕就是贪命、贪位了。所以不敢从命。"商鞅知道赵良在讽喻自己，便问道："您对我治理秦国不满意吗？"赵良说："能反躬自问的人叫做聪，能反省自己叫做明，能战胜自己叫做强。虞舜说过这样一句话：'知道自己不足者为高尚。'您不如照着虞舜的道理去办，无需问我了。"商鞅听到赵良前言孔丘，再言虞舜，知道他是一个儒门学士，想到儒家强调父子之别、男女之防、

君位之尊，就改变了话题，便说："秦国本来就有戎狄的风俗，父子兄弟同室而居。现在我改变了这种风俗，使其父子分居，男女有别。我又为秦的国君大筑宫室，其规模堪与鲁、卫的宫廷相媲美。您看我治理秦国与五羖大夫百里奚相比，哪个的功劳更大？"赵良说："一千张羊皮比不上一狐之腋，一千个唯唯诺诺的人比不上一个正色直言的人。周武王因为有正色直言的人，所以昌盛起来；殷纣王因为使众人不敢说话，所以灭亡了。您如果认为周武王做得对，那么就让我向您讲真话，您不要因为觉得逆耳就杀我的头，可以吗？"商鞅答道："应酬之言是浮华的，至诚直言是实在的。良言苦口是治病之药，蜜语甜言是害人之疾。您如果肯终日向我讲真话，那就是送给我治病之药。我将以您为老师，您又何必推辞呢？"赵良见商鞅态度诚恳，便把心中积蓄已久的对商鞅不满的话一股

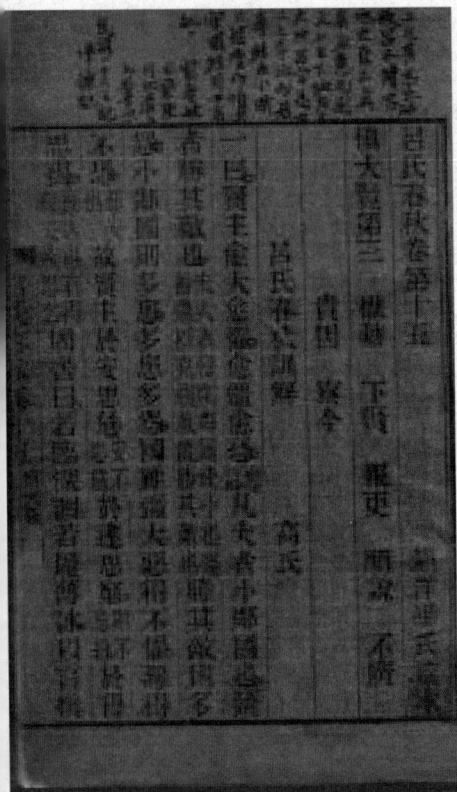

脑地全说了出来，他说："既然如此，我就把您和五羖大夫做个比较吧。五羖大夫原是个晋国的乡鄙之人，被晋国的国君当做奴隶陪嫁到了秦国，由于他不甘心受到侮辱，就逃到了楚国，被楚国捉住，让他给人放羊，后来秦穆公知道他是个能干又有才华的人，就用五张山羊皮把他给赎了回来，任命他为相，位于百姓之上，秦国人对他没有不满意的。他做秦相六七年，东伐郑国，三次立晋国国

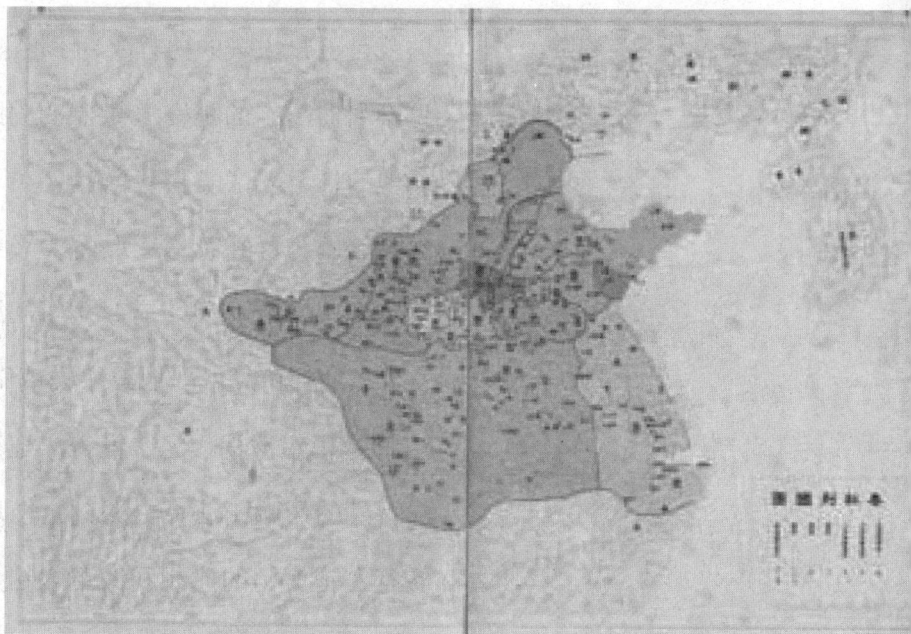

君，一次救楚国之难。教化实行于国内，而巴人前来进贡；德政实行于诸侯，而八方的戎狄都来归附。有个晋国人，逃亡到戎，受五羖大夫的感召，就叩门前来投奔。五羖大夫身居相位，虽劳累也不坐着乘车，即使暑天也不用帷幔遮阳；在国内出行，不带随从的车辆，也不拿护卫的武器。他的功名载入史册，德行泽于后世。五羖大夫死时，秦国人不论男女都哀悼流泪，就连小孩子也肃静不再唱歌，连舂米的人也不再吆喝出声。这就是五羖大夫的德行呀！可是您呢？初见秦君时，走的是嬖人景监的门路，依靠他的推荐，这就谈不上有名望了；做了秦相，不为百姓着想，反而大兴土木建造宫殿，这就谈不上有功业了。您施刑于太子的师傅，以严刑峻法去镇压百姓，这就是积怨蓄祸。您不懂得，道德教化对百姓的影响比法令更深刻。您现在又实行左道旁门的建制和改革，这可不是教化。您又受封为商君，居然南面称孤道寡，天天用法令来约束秦国的贵公子。"

这里赵良认真数落了商鞅的过失：依托嬖人景监晋见秦孝公，败坏自己的"名"；掌权之后，大兴土木营筑咸阳，败坏自己的"功"；惩罚太子的师傅，用刑罚残伤老百姓，为自己种下怨祸；使百姓重视政令甚过于君命，以政府的法律代替国君的命令，败坏传统的"教"；自己受封于商，却又绳墨秦之贵公子，折损自己的"寿"；既惩罚公子虔，又惩罚祝欢和

公孙贾，败坏"人"心。所有这些与五羖
大夫百里奚相比，相差是多么的远啊！而
且，还有更甚于此的事情，赵良说："君
之出也，后车五乘，从车载甲，多力而
骄胁者为骖乘，持矛而超闟者旁车而趋。
此一物不具，君固不出。《书》曰：'恃德
者昌，恃力者亡。'君之危若朝露，尚将
欲延年益寿乎？"接下来，赵良向他建
议："则何不归十五都，灌园于鄙，劝秦
王显岩穴之士，养老存孤，敬父兄，序
有功，尊有德，可以少安。君尚将贪商

于之富，宠秦国之教，蓄百姓之怨，秦王一旦捐宾客不立朝，秦国之所以收君者，岂其微哉？"这个建议包含两方面的内容：第一方面，劝商鞅退还封地十五城，并且改邪归正，施行德政教化，秦国上下才可以少安；第二方面，是警告商鞅，一旦支持他的秦孝公驾崩，他的下场就岌岌可危，朝不保夕了。赵良这番话，从百里奚讲到商鞅，从商鞅改革讲到改革的现状，从商鞅的过失讲到他的下场，都是入木三分、触目惊心的。近二十年的改革，秦国虽然富国强兵，天下震动，然而，如果自己在国内每次出门都要"后车十数、载甲、持矛"如临大敌的话，又有什么意义呢？

实际上，从赵良的这一番谈话中，我们可以得出这样的结论：商鞅改革近二十年，最大的过失是政令无法在宗室贵族里推行。在这种抓不住大鱼只抓小鱼的情况下，贵族顽固派势力随时都可

以反扑上来，置他于死地。商鞅改革的另一个过失就是自己接受了商于十五城的封地。解散封建体制、收回贵族封地，使爵位与封土脱离联系，可以说是商鞅改革的主要内容。当宗室贵族的封地被一一收回的时候，身为改革的发起者商鞅却领有十五城的封土，不但不能以身作则，反而带头破坏自己制定的法律，商法无法凌驾于人治之上，使秦法彻底制度化，这是商法的一大弊端。法令的执行完全建立在秦孝公一人的支持之上，一旦情况有变，商鞅的性命岂不危在旦夕？商鞅难道忘记了，他本来不过是一名宾客而已，体内流的依旧是卫国的血，以商鞅的才智，他真的看不出此时的危机吗？然而，"改革斗士"商鞅依旧在坚持着，他为法家的学说坚持着，他为心中的理想坚持着，以一个人的微弱力量去抵挡几乎是整个秦国的重压，这就是商鞅，一个改革斗士的勇气和胆量。

　　商鞅没有接受赵良的劝谕，将军政大权交出而归隐山林，将法家改革撤回而使秦国的改革半途而废，商鞅在坚持着，一个人在艰难地跋涉着、拼搏着、奋斗着。而此时，一把屠刀已经在高高地举着，将要落到他的头上。就在商鞅与赵良谈话的五个月后，统治秦国二十四年的一代英主秦孝公去世，随后，太子驷继位，是为秦惠文王，也就是二十年前因犯法几乎被商鞅惩罚的那位太子，真可谓是冤家路窄。俗话说：一朝天子一朝臣。新君即位，而且还是商鞅的宿

敌，商鞅看到形势不妙，立刻告老退位。就在这个时候，饱受商鞅镇压、惩罚的保守派们立即行动，以公子虔为代表，发起指向商鞅的一系列反攻，他们向秦惠王进言说："大臣太重则国危；左右太亲则身危。今秦，妇人、婴儿皆言商君之法，莫言大王之法，是商君反为主大王更为臣也。且夫商君，因大王之仇也，愿大王图之。"《史记》说："公子虔之徒告商君欲反。"谣言越来越离谱了，秦惠

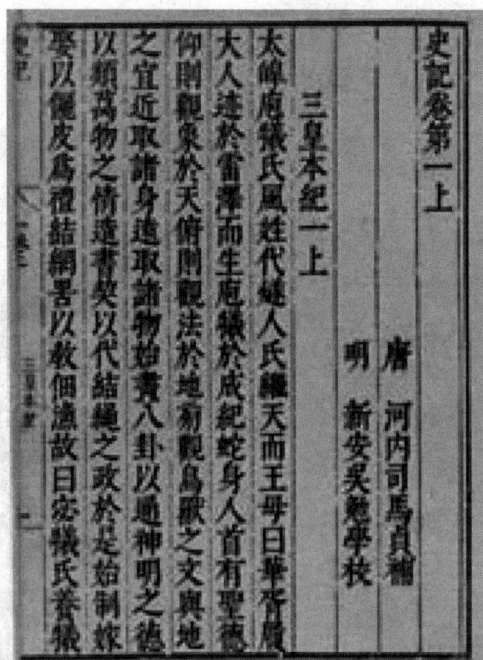

文王是个保守派人物，当然相信自己的
多年盟友公子虔的话。于是，一场悲剧
开始上演了，这不仅是秦国的悲剧，也是
中华民族的悲剧。就在商鞅欲放归之际，
惠文王"发吏捕商君"。商鞅无可奈何，
只好逃亡出走。来到关卡之下，天已经
到了傍晚，想住店，店主人不认识商鞅，
就依法办事，说："商君的法律条文里规
定，让人投宿而没有验证的，要遭受连
坐之罪。"坚决不让他住宿，商鞅这时才
认识到秦法的弊端，喟然长叹，曰："嗟
乎！为法之弊，一至此哉！"就在走投无
路之际，商鞅想逃往魏国，也许魏国还
可以收留他，于是，带着他的母亲及所
有家属连夜逃跑，奔向魏国。好不容易
到了魏国的国境内，没想到邺的守令襄
疵拒绝收留，说："以君反公子卬而破魏
师也。"此时，商鞅还想逃往别的国家，
魏国人说："商鞅，秦之贼，秦强而贼入
魏，弗归，不可。"欲将商鞅送回秦国作

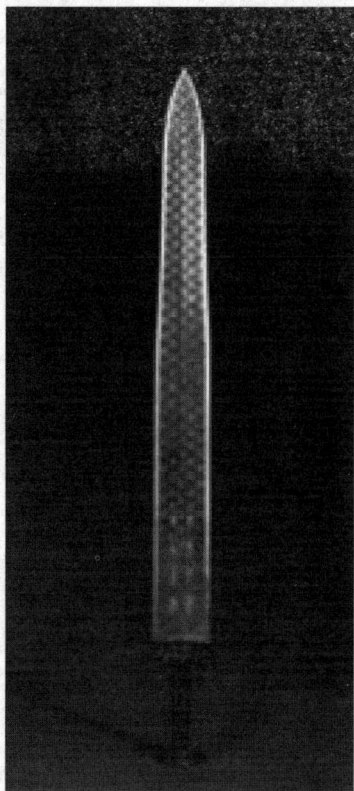

为魏国讨好秦国新君的见面礼。此时的商鞅只好逃回自己的封地，动员自己封地的家丁，发兵出击郑，在攻打郑的时候，秦国的军队从后面追了上来，打败商鞅的徒属，商鞅又逃向西南，希望再退回商邑。没想到刚到彤地，就被秦兵活捉，被带回了咸阳，秦惠文王立刻对商鞅处以"车裂"的极刑，即被活活地五马分尸，并且警告其他人说："莫如商鞅反者！"同时灭掉了商鞅的全家。改革斗士商鞅，这位赢秦统一天下的奠基者，就这样牺牲了。

一个为秦开帝业的改革家，最后竟遭到"车裂族夷"的下场，其功其过，其得其失……这些都留于后人评说。而在后人评论商鞅时，又都不可避免地把自己的价值观念和道德观念渗透其中。在商鞅死去近一百年之后，秦昭王相范雎对蔡泽说："夫公孙鞅事孝公，极身毋二，尽公不还私，信赏罚以致治，竭智能，示情愫，蒙怨咎，欺旧交，虏魏公子卬，卒为秦禽将破敌军，攘地千里。"蔡泽回答道："夫商君为孝公平权衡，正度量，调轻重，决裂阡陌，教民耕战，是以兵动而地广，兵休而国富，故秦无敌于天下，立威诸侯，功已成，遂以车裂。"这两段话反映了商鞅的卓越政绩，前者还特别突出了商鞅"极身毋二，尽公不还私"的优秀品质，就连"欺旧交，虏魏公子卬"也给予了充分的肯定，这种评价显然代表了商鞅死后秦国政坛仍然坚持以"富国强兵"为目标，朋友之间的

道德评价是不在考虑之内的。蔡泽说商鞅"功已成，遂以车裂"，这是说商鞅之死的原因在于君臣之间的个人恩怨，以及秦惠文王的"过河拆桥、兔死狗烹"。商鞅之后的许多秦国政治家无一不从"兔死狗烹"的角度吸取商鞅之死的教训，以至于在外交和军事行动中常常假公济私来博得或维护个人的荣华富贵，如张仪、魏冉、范雎之徒，这是强秦"数十年而不至于帝王"的原因之一。韩非子在谈到商鞅之死的原因时说："秦行商君法而富强……车裂商君者何也？大臣苦法而细民恶治也。"韩非子认为，"君主用术则大臣不得擅断，近习不敢卖重；官行法则民趋于农耕，而游士危于战阵。"他认为商鞅之死是因为商鞅之法对大臣和细民不利，所以他们诬告商鞅，致使其车裂而死，这当然符合公子虔等人"告商君欲反"的历史事实，但韩非子也掩饰了商鞅之死的更重要的原因，那就是他曾经"法及太子"，与新君有宿怨。《吕氏春秋·无义》在讲到商鞅之死时，较详细地叙述了商鞅诈公子卬，以致后来逃亡到魏国而不被收留的细节，"故士自行不可不审也"，突出讲到了朋友之间的道德评价标准，用"多行不义必自毙"来警戒世人，用信的道德标准来评价商鞅的诈友行为。西汉刘向在评价商鞅之死时说："倍公子卬之旧恩，弃交魏之明信，诈取三军之众"，除批评商鞅的"无

信"之外，还特别指责商鞅刑罚的酷烈，认为这是商鞅"所逃莫之隐，所归莫之容，身死车裂，灭族无姓"的一个主要原因，他批评商鞅"去霸王之佐亦远矣"，如果商鞅"施宽平之法，加之以恩，申之以信，庶几霸者之佐哉"。把商鞅之死完全归罪于商鞅作法自毙、罪有应得的，莫过于汉昭帝与桑弘羊辩论贤良文学时的评论："秦怨商鞅之法，甚于私仇。故孝公卒之日，举国而攻之，东西南北莫可奔走……卒车裂族夷，为天下笑。斯人自杀，非人之杀也。"这种极端贬毁商鞅的观点自然是出于儒生仇视法家的偏见，但这种观点在儒家思想占统治地位的中国封建社会的历史中一直占上风，商鞅因此而受千古之骂名。一直到近代，对商鞅的评价才开始有所转变，章炳麟除批评商鞅"毁孝悌败天性""秧之进身与处交游，诚可多议者"之外，对商鞅的其他方面都做了很高的评价，特别为"商鞅之中于毁谤也二千年"打抱不平。梁启超曾主编《中国六大政治家》，其中第二编《商君评传》，对商鞅做了很高的评价，他说："固法学之巨子，而政治家之雄也。"又说："独其关于德义之教，诚不可谓非商君之缺点。"而商鞅之死则由于"权贵之怒睨其旁，新生之积怨其后"，"宁以身殉国，不肯曲法以求容"。对商鞅功过以及商鞅之死的不同评说，反映了中国两千多年来道德标准的历史变迁。如果商鞅地下有灵，听到中国两千多年后近人的评说，大概可以含笑九泉了。

六、商鞅变法的影响

　　韩非子说：“及孝公、商君死，惠文王即位，秦法未败也。”这段话客观地反映了商鞅死后秦国历史的发展。

　　商鞅“法及太子，黥劓其傅”，原因在于太子和公子虔、公子贾等人公开站在反对改革的反对派一面，公然触犯法律，阻碍新法的执行。在孝公死，太子即位时，秦国已经过商鞅的两次改革，商鞅已为秦国完成了五项大事：第一，改造家庭结构。秦国的家庭有两种形式：

一种是备受华夏文化影响的大家庭，到处都有，贵族更是如此，占有大量的奴隶和土地而不向国家纳税，严重影响农业的发展和国家的经济实力。另一种是久受戎狄文化影响的家庭结构形式，即男女同室，无长幼之别，更无家庭男女伦理道德之耻，不但是腐败堕落滋生之地，更是闹事分子寄生之地。商鞅受李悝的"尽地力之教"，尽快解决秦国在当时军粮缺乏的严重现状，不但要挖掘人力，更要挖掘地力，以减小恶劣的自然条件对秦国农业生产的影响，解决天时、地理、劳动力的矛盾，以增加粮食的生产，解决军粮的短缺对秦国军队的影响。因此，商鞅两次颁布分户令，以适应一家一户为单位的封建小农经济的发展，增强国力。第二，构建新的社会网络。为改造社会结构，商鞅建立了军国主义体制，把军队的组织用到家庭里去，施行什五连坐法，使家庭按层次组织起来，每个家庭就如网络上的一个结点，彼此相互联系，没有人可以脱网，牵一发而动全身，一人有罪，街坊邻居全部连坐，在这样的社会结构下，每个家庭没有隐私权，政府把影响渗透到社会的每一个角落，重组了社会意识和社会文化。第三，重建价值观。商鞅不但设立奖罚制度，而且尽量细化，积极奖励耕战，男耕女织而能多产者，可以免除劳役，战场上杀敌，其奖赏更多，而且是显荣之所在，其他工商、游谈，都是末业，官府有权收为官奴，也是徭役、劳役的主要承担者。

重农抑商的政策已渗透到中华民族的血液里。第四，大一统观念的建立。统一标准是法家思想的重要观念之一，无论立法、司法，都要求公开、透明，要求标准统一。在此观念下，商鞅统一了度量衡、货币和文字，一统观念自商鞅建立以来，影响深远，秦国后来的许多政令及措施都受此影响。第五，改革政权体制。商鞅是春秋战国历史上第一个有意识地全面推翻封建政制的伟大人物，在他的改革下，秦国的封建体制迅速瓦解，取而代之的是一种全新的郡县制度，将官吏的任免权全部收归中央，行政大权操纵在国君一人的手中，是一个绝对统一的国家，也是一个权力完全集中的国家。这些改革措施的实行使秦国的政治、经济、文化等方面发生了巨大的变化，取得了巨大的社会成效。可见，新法已惠及社会、深入人心，历史的潮流已不可逆转。此时，秦惠文王、公子虔、公子贾等人将商鞅"车裂族夷",已经不是出于政治上的偏见,而是当权者的泄私愤式的野蛮报复。

商鞅死后,秦国的惠文王、武王、昭王、孝文王、庄襄王、秦王嬴政等六世之君继续以"富国强兵"为宗旨,招贤纳能,奖励耕战,推行郡县制,完善各项法律,完成了统一中国的大业。

在招纳贤能方面,秦国相继任用了张仪、公孙衍、司马错、白起、范雎、蔡泽、李斯、尉缭、王翦、蒙恬、蒙毅等文臣武将,形成了由"客卿"升任丞相、将军的制度,确立了秦国布衣将相的格

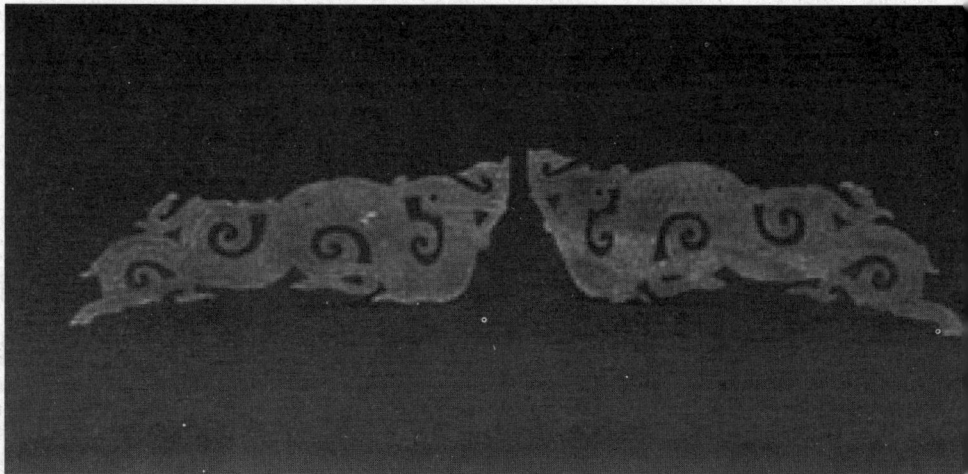

局，从而排斥了贵族势力，强化了君主集权，为秦国的政治经济的发展和外交军事的胜利奠定了坚实的基础。

在奖励耕战方面，秦国除继续实行商鞅在世时实行的一系列措施外，还以"力气田宅而复之三世"（即给予好的田地、房屋并免除三代租役）的优惠政策招纳三晋之民到秦国开荒种地，并且先后修建了都江堰和郑国渠，使成都平原和关中平原得灌溉之利，成为旱涝保收的千里沃野。在商鞅建立的编户什伍制度的基础上，秦国实行普遍征兵制度，组成一百余万的常备军，凡 15 岁以上的男子都是国家的后备兵源，使秦国成为"虎狼之国"，从而造成对山东各国的威慑而相继割地求和。

在推行郡县制方面，自惠文王于公元前 304 年设置上郡之后，秦国把新兼并的地区都纳入了郡县体制，直至秦始皇统一六国，设置三十六郡，在全国形成了由中央到地方的郡县三级体制，从而建立统一的封建君主集权的政治体制，促进了中华民族的团结和发展。

在完善各项法律制度方面，据《晋书·刑法志》和《唐律疏议·序》记载，商鞅曾以李悝的《法经》为基础，改"法"为"律"，先后制定了《盗律》《贼律》《囚律》《捕律》《杂律》《具律》六种法律为《秦律》。以后，秦国不断制定新的法律，充实完善《秦律》，在 1976 年湖北省云梦县睡虎地秦墓出土的《秦律》竹简中，就有包括《田律》《厩苑律》《金布律》《关市律》《仓律》《工律》《徭律》《军爵律》《置吏律》等十八种共计一百二十五条，这些充分体现了秦国自商鞅变法以来的"以法为教""以吏为师"的法家治国思想。

从商鞅车裂而死，到秦始皇统一中国，其间共经历了一百一十七年，在商鞅死后第五年，苏秦在游说楚威王合纵时说："夫秦，虎狼之国也，有吞天下之

心。秦, 天下之仇也。"公元前 318 年, 魏、赵、韩、楚、燕"五国伐秦", 这说明秦在当时已经成为山东各国只有联合起来才能与之抗衡的头号强国。公元前 310 年, 张仪在游说楚怀王连横时说 : "秦地半天下, 兵敌四国⋯⋯虎贲之士百余万, 车千乘, 骑万匹, 粟如丘山, 法令既明, 士卒安难乐死⋯⋯天下后服者先亡。且夫为纵者, 无异于驱群羊而攻猛虎也。夫虎之于羊, 不格自明矣。"他在同年游说韩襄王时说 : "秦带甲百余万, 车千乘, 骑万匹⋯⋯山东之卒, 被甲冒胄以会战, 秦人捐甲徒裎以趋敌, 左挈人头, 又挟生掳。夫秦卒之于山东之卒也, 犹孟贲之于怯夫也 ; 以重力相压, 犹乌获之于婴儿也。夫战, 孟贲、乌获之士, 以攻不服之弱国, 无异于坠千斤之重, 集于鸟卵之上, 必无幸矣。"这些都说明商鞅变法确实起到了富国强兵的效果, 为秦统一六国奠定了基础。

在秦惠文王在位的二十七年间，秦先后取得上郡、巴蜀、汉中之地。在秦昭王在位的五十六年间，秦将白起屡立战功，公元前 294 年，大胜韩魏联军于今河南洛阳东南龙门，斩首二十四万；次年攻陷楚国的都城郢；公元前 273 年，大胜韩魏联军于华阳，斩首十五万；公元前 260 年，大胜赵军于长平，坑降卒四十万；公元前 256 年，秦灭西周，从此周天子的名号不复存在，秦先后攻取并设置了河东、陇西、南郡、黔中、南阳、北地等郡。秦孝文王死后，子庄襄王继位，在位三年，先后攻取韩、赵、魏，建置三川、上党、太原等郡。公元前 246 年，秦王嬴政即位，四年后攻魏，建置东郡。公元前 237 年，秦王嬴政罢相国吕不韦，亲临朝政，三年后，攻赵建置雁门郡和云中郡。公元前 230 年至公元前 221 年，秦先后灭韩、赵、燕、魏、楚、齐，终于完成了统一中国的千秋伟业，

"海内为郡县，法令有一统"，秦王嬴政号称"始皇帝"。汉代的桑弘羊说："秦任商鞅，国以富强，其后卒并六国，而成帝业。"王从说："商鞅相孝公，为秦开帝业。"虽然商鞅被车裂而死，但秦"六世而并诸侯"的伟业是建立在商鞅变法的基础之上的，商鞅的功业将不朽于世。

商鞅变法不仅为秦国开创帝业创造了坚实的基础，而且以《商君书》为代表集中体现了他的思想，也集中体现了战国时期法家思想的典型特点。以商鞅为代表的法家思想对中国历史的发展也产生了重要的影响。《商君书》作为先秦众多文化典籍中的一部"子书"，其蕴含的政治、经济、文化哲学等方面的思想也是中华民族思想史上的一笔宝贵财富。主要表现在以下几个方面：

第一，不言天道与鬼神。在我国历史上，儒家讲"以神道设教"，墨家讲"尊天事鬼"，道家讲"人法地，地法天，天法自然"，他们都要从神、鬼、天、道那里找到理论支柱，以推行他们的社会主张。他们在道德上、伦理上、修身养性上、谋取群众的利益上以及哲学理论上是强者，但在政治的实际施行上却是弱者。商鞅从哲学的强者那里吸取了力量，扫荡了鬼神，斩断了天道鬼神与政治、社会改革的联系，从而根据历史进化论的观点，来大胆创新，勇于改革，以大无畏的精神与一切顽固守旧势力作坚决的斗争，来推动中国历史的发展，这集中表现在商鞅与顽固派的辩论与斗争上。商鞅变法最先遇到的是反对者提出的"圣人不易民而教，知者不变法而治"，商鞅以历史进化论的观点驳斥说，这是"常人安于固习，学者溺于所闻"的世俗之言，他指出："三代不同礼而王，五霸不同法而霸。故智者做法，而愚者制焉，贤者更礼，而不肖者拘焉。"保守派又以"法古无过，循礼无邪"相诘难，商鞅针锋

相对地反驳："前世不同教，何古之法？帝王不相复，何礼之循？伏羲、神农教而不诛，黄帝、尧、舜诛而不怒，及至文、武各，当时而立法，因事而制礼。礼法以时而定，制令各顺其宜。治世不一道，便国不必法古。汤武之王也，不循古而兴；殷夏之亡也，不易礼而亡。然则反古者未必可非，循礼者未足多是也。"商鞅从历史的发展进化中确立变法的原则和理论依据，"当时而立法，因事而制礼"，"治世不一道，便国不必法古"，如果真要以史为鉴，那么只有根据当今的形势而变法图强。从历史的进化中得出由平等到尚贤，由尚贤到尊官，由无法、无官、无君到有法、有官、有君的历史进程，得出了尚力、重刑、任法变法依据。商鞅学派主张严明刑罚，以"刑治"而不以"义教"，"不贵义而贵法"，这是针对人的衣食保暖的自然本性而采取的措施，自然人性论是法家坚持法制路线

的哲学基础。人民的本性是"有欲有恶"，
如果君主将刑罚用于许多方面以抑制、
禁止人民的各种欲望，而利赏只出于农
战一途，那么人就会做事专一，去从事
他们所憎恶的农战，那么全国的力量就
会集中到农战上，国家就可以富强。法
律万能论的突出，商鞅学派把追名逐利、
好逸恶劳、贪生怕死作为人的自然本性，
因此他认为：人民战胜了法律，则国乱；
法律战胜了人民，则兵强。治国抛弃了
法律，那就好比希望不受冻而抛弃了衣
服，好比希望不挨饿而抛弃了粮食，希

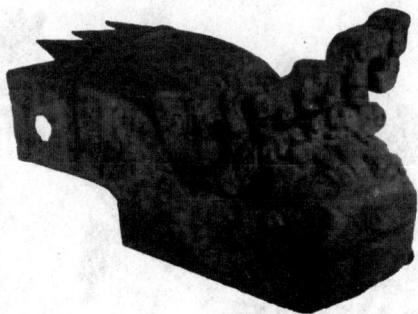

望到东方却走向了西方一样。法令"要制定名分",如果"名分未定",就连尧、舜、禹、汤都会曲而犯奸,去追逐名利,如果名分已定,那么骗子也会变得正直诚信,穷苦的盗贼也不敢妄取。这基本上是法律万能论,不仅认为法令可以禁止人民为奸,而且认为法令可以成就人的道德。我们知道,法律并非是万能的,社会除法律之外还需要道德的约束,只有礼、法并用,才能促进社会的和谐发展。

第二,君主集权主义与民本思想。商鞅认为:"国之所以治者三:一曰法,二曰信,三曰权。法者,君臣之所共操也;信者君臣之所共立也;权者,君之所独制也。"显然,在这三个要素之中,君主独占其一,而另外两个能否得到执行,其关键在于国君一人。"权者,君之所独制也",这是商鞅施行变法、建立新的政治体制的一个基本原则。在提出君主独占权力的同时，又提出了君主"不以私害法"，指出君主不能私自占有天下人的利益，而是为了天下人而君临治理天下，即天下非君主一人之天下，而是所有人的天下。甚至还提出君主可以论贤举能而实行禅让，这是君主集权与民本思想相结合的一个典型论述，这种思想一直贯穿于中国封建社会发展的整个历史进程中，直到清代的宫廷即现在的故宫里还有这样一副对联："惟以一人治天下，岂将天下奉一人！"

第三，商鞅的经济思想。农为强国

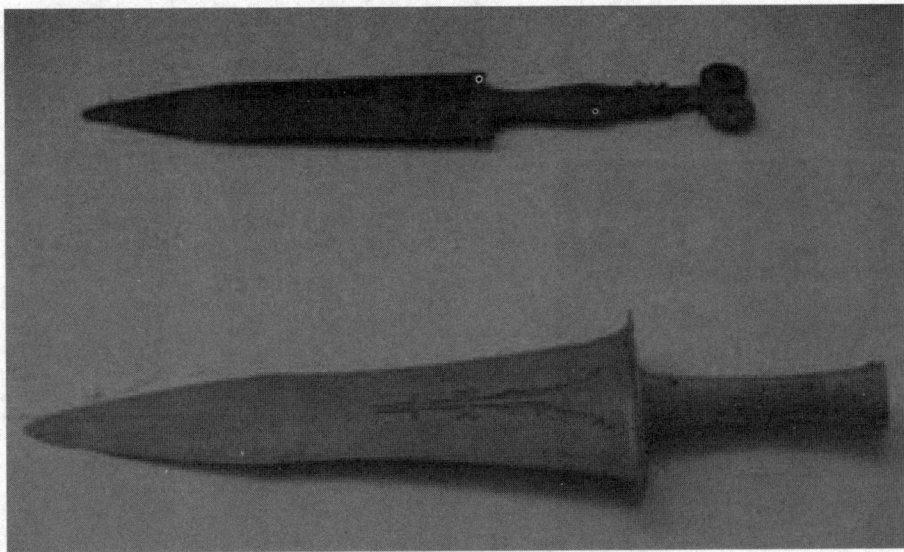

之本，商鞅根据当时征战不息的形式以及秦国的地理条件，实事求是、因地制宜地提出"富国强兵"的思想，他的变法措施基本上都是围绕"农战"而展开。农是战的基础，所以农是强国之本，商鞅学派的重农思想与战国时期的诸侯兼并的战争形势有密切的关系，国不兴农则贫，贫则无力，无力则兵弱，兵弱则地削。反之，国兴农则富，富则多力，多力则强兵辟土、成就王业。因此，君主的治国的关键是"令民归心于农"，以及诱使、逼迫尽可能多的人去从事农业，人民专心务农，就会朴实而容易治理，忠厚而容易役使，诚信而可以守土、攻战。这就是中国封建统治者所实行的愚农、役农的思想根源。商鞅学派主张"作壹"，"作壹"的根本目的是"壹之农"，即使农民专一于农战，兴农才可以强兵。"壹之农"必须抑制"浮学事淫之民"，在商鞅学派看来，农战之外的学问是"浮学"，

农战之外的工商业是"淫业"。如果崇尚言谈游说，不压抑工商业，人民就会选择"浮学""淫业"这样既轻松又有利的谋生之路，从而逃避农业，这就是贫国弱兵之教，要富国强兵，就必须贬斥言谈游说，压抑工商业的发展，这是我国两千多年来封建社会所采取的"重农抑商"政策的根本由来。

第四，商鞅的"富国之术"最终要落实到强兵上。兴农的目的是为了富国，富国的目的是为了强兵，农是战的基础，战是农的目标。在经济上，商鞅学派是重农主义，在政治上，商鞅学派是军国主义。商鞅学派指出："民之外事莫难于战，民之内事莫苦于农。故为国者，边利尽归于兵，市利尽归于农。边利尽归于兵者强，市利尽归于农者富。故出战而强，入修而富者王也。"即对内兴农以致富，对外用兵以致强，内富外强则成帝王之业。但同时指出："国强而不战，

毒输于内，礼乐虱官生，必削；国遂战，毒输于外，国无礼乐虱官，必强。"这实际上是在秦国经过商鞅变法获得经济上富强以后，大力鼓吹对外战争的一种军国主义的观点，这实际上是一条敌视人民、敌视文官政治的军国主义路线。商鞅学派通过"壹赏、壹教和严酷的军法惩治、家属连坐，使人民都成为凶残的、狂热的好战分子，使秦成为虎狼之国，这与战国后期诸侯国之间越来越多的战争形势有关。商鞅作为一名军事家，首先强调的是用兵必先"立本"："凡用兵，胜有三等：一是建立法度，二是在此法度下养成重视农战的风俗，三是储备战略物资。"商鞅善于在军事上利用矛盾，谨慎地观察战局，知己知彼，捕捉我强敌弱的有利战机。他说："王者之兵，胜而不骄，败而不怨。胜而不骄者，术明也；败而不怨者，知有所失也。"主张用兵要胜不骄败不馁，善于运用高明的

战术战胜敌人，也要善于总结失败的教
训以利再战。同时主张追兵有节，以免
误中敌人的埋伏，反对孤军深入，主张
有礼有节，有劳有逸的用兵之道。随着
战国时期修筑城墙作为防御工事的技术
的提高，攻城、守城也成为一门军事战
术，在这方面，商鞅也表现出独到见解，
他认为：围攻敌城时，掌管工事的国司
空要测算敌城的厚度，指挥军队的国尉
要划定各队士兵攻打的地段，并限期攻
克；穿透敌城后，就塞以杂柴焚烧。敢
死队的战士，每队十八人，其后有中军士
卒跟随，敢死队的组成，全用自愿申请
的人，如果人数不够，就用希望晋级的
军官补充。指挥官和监军在筑起的高台
上瞭望，以先攻入敌城者为首功。守城
时，要依靠城内人民誓死保卫家园的心
理，在城没有被攻破时，要依靠人民的"死
力"同敌兵作战，如果城被攻破时，则
敌疲我逸，就以人民的"逸力"，同疲惫

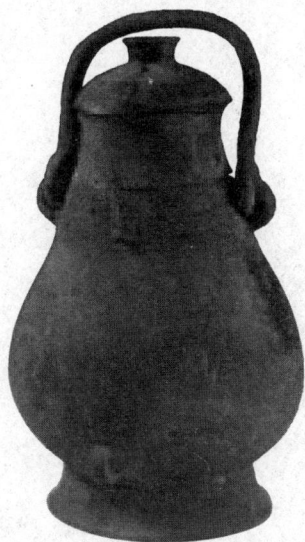

的敌兵进行作战。守城的军队要组成三军，壮男为一军，壮女为一军，男女之老弱者为一军。壮男之军要严阵以拒敌，壮女之军要修筑工事，设置陷阱，坚壁清野。老弱之军要看管牧畜，收集粮草，供给军需。要严格规定三军不得相互往来，以免男人怜惜女人，壮者怜惜弱者，致使斗志涣散。这是一种人民战争的思想。商鞅的这些军事思想被后来的无数军事家所运用、发挥。

第五，商鞅的文化思想。商鞅学派在意识形态领域主张"壹教"，即壹之于"农战"，凡与此无关的或相抵触的，皆在排斥打击之列。为保持农民的愚朴心态，不要让"声服""学问""博闻""辩慧"等扰乱人民的思想，他把《诗》《书》谈说之士、处士（有道家倾向的隐士）、勇士（游侠）、技艺之士和商贾之士称之为"国害"，在思想文化的"国害"中，儒家的经典和道德伦理占有重要的地位，并且兼及道家、墨家、名家等学派的思想。这反映了商鞅学派的法家思想中"唯我独尊"的意识，体现了商鞅的文化专制主义的思想特色。在商鞅变法期间，就有"燔诗书而明法令"的措施，这也为秦始皇实行"焚书坑儒"的政策埋下了伏笔。"焚书坑儒""统一度量衡"，这些在秦始皇时代发生的事件，我们都可以在商鞅的文化政策中找到思想端倪，这是商鞅变法后秦国实行的高度中央集权主义和单一的思想意识形态所产生的结果，这也是商鞅改革和商鞅学派的重大缺陷。

斯人已逝，留于后人评说。总之，以商鞅为首的商鞅学派是春秋战国时期特殊历史环境的产物。在经历了"礼崩乐坏"旧制度崩溃、新制度萌生的特殊时刻，"诸侯力政，争相并"的战国形势迫使诸侯各国实行变法、改革，只有这样，才能在兼并战争中取胜。先改革者

先受益，改革彻底者受益最多而且最终取得胜利。魏国、晋国、楚国等都先后实行了改革，但可惜的是，由于本国的贵族落后势力过于强盛，使改革半途而废，最终没有达到"富国强兵"的目标。商鞅充分吸取了魏国改革的经验，在秦孝公的大力支持下，先后进行了两次变法改革，其改革的深度和广度是其他各国所不能比拟的。商鞅变法的成功，一方面是有国君的鼎力支持；另一方面是因为秦国当时相对比较落后，腐朽贵族势力相对较弱小，改革遇到的阻力小。所以说，是历史选择了法家，法家选择了商鞅，商鞅选择了秦国，秦国选择了历史。商鞅变法的成功顺应了历史潮流，在秦国建立了一套新的政治制度和经济制度，建立了君主集权和军国主义的统治，适应了秦国的形势和我国春秋战国时期战乱形势的需要，从而收到了"富国强兵"的立竿见影的效果。后商鞅虽遭到顽固势力的诽谤陷害，终至"车裂族夷"的悲惨下场，但秦法未败，秦孝公之后的六世国君继续实行商鞅变法时所指定的制度，成就了统一中国的帝业，秦王朝随二世而亡，但"秦法""秦制""秦政"的基本内容仍被中国历代王朝所继承。就如谭嗣同所说："二千年来之政，秦政也。"

从制度上看，商鞅是历史上成大功的好汉，但是，从文化建设上说，商鞅及其商鞅学派却有重大的缺陷，他们看到了历史发展的阶段性，却忽视了文化沿革的继承性；他们抓住了富国强兵的关键——"农战"，却以狭隘的使用标准排斥一切"不可以强兵辟土"的文化；他们看到了新制度与旧文化的对立，却没有实行对旧文化的改造和新文化的建设；他们实现了武力兼并六国的目标，却没有为统一帝国的长治久安作必要的准备。商鞅学派提出了"任其力不任其德""不

贵义而贵法"的主张，这在战争环境中固然有其一定的历史合理性，但完全把"力与德""法与义"绝对对立起来，完全取消或取代道德的社会作用，没有在新的制度下继承旧道德的合理部分，建立新的道德规范，这不能不是其一大缺憾。后代的封建统治者吸取秦国迅速灭亡的教训，实行了外儒而内法、道德教化与法制合流的人治社会，成为中国两千多年来封建社会政治生活中一道独特亮丽的风景线。

今天的我们，不仅要继承商鞅及法家的"法律面前，人人平等"的依法治国的"法制"精神，更应该继承改革斗士商鞅的不怕困难、勇于改革创新的积极进取精神。因为，在任何时候、任何社会，"与时俱进、改革创新"都是一个国家、一个民族存在与发展的根本所在。